Rezepte für eine gute Ehe
von Marie Luise Kaschnitz bis Hellmuth Karasek

REZEPTE
FÜR EINE
GUTE EHE

VON MARIE LUISE KASCHNITZ
BIS HELLMUTH KARASEK

Herausgegeben
von Ingrid Simson

List

List Verlag
List ist ein Verlag der
Ullstein Buchverlage GmbH

ISBN: 3-471-78677-5

Gesetzt aus der ITC Legacy bei
Franzis print & media GmbH, München
Druck und Bindung: GGP Media, Pößneck

Inhalt

Was es ist

Es ist Unsinn
sagt die Vernunft
Es ist was es ist
sagt die Liebe

Es ist Unglück
sagt die Berechnung
Es ist nichts als Schmerz
sagt die Angst
Es ist aussichtslos
sagt die Einsicht
Es ist was es ist
sagt die Liebe

Es ist lächerlich
sagt der Stolz
Es ist leichtsinnig
sagt die Vorsicht
Es ist unmöglich
sagt die Erfahrung
Es ist was es ist
sagt die Liebe

Erich Fried

Axel Hacke

Ich sehe was, was du nicht siehst

Seit mehr als zehn Jahren bin ich mit Paola verheiratet, und immer noch liebe ich das Leichte, Spontane, Unorganisierte ihres Wesens, sosehr ich manchmal darunter leide. Ich bin ein schwerblütiger, planender, unspontaner, superpünktlicher, überorganisierter Mensch. Jedoch leide ich auch unter meinem eigenen Charakter – wie es überhaupt wenige Dinge im Leben gibt, unter denen ich nicht leide. Ich wäre gerne wie Paola. Aber ich bin es nicht. Wenigstens bin ich mit ihr verheiratet, mehr als zehn Jahre, wie gesagt. Nach zehn Jahren gibt es wenig, das man nicht voneinander wüsste. Es gibt keine Geschichte aus dem Leben des anderen, die man noch nicht von ihm gehört hätte, und wenn ich – egal in welcher Runde – zum Beispiel die berühmte Anekdote von meinem Onkel Walter erzähle, der zwei Goldfische verschlucken und lebend wieder ausspucken konnte, dann winkt Paola ab und sagt: »Ach, das habe ich schon oft gehört.« Dafür gehe ich immer austreten, wenn Paola berichtet, dass ihre Tante Karla zur Freude von Nichten und Neffen ihre Perücke einige Zentimeter über dem Kopf schweben lassen konnte.

Was das Kino angeht, so haben wir leider unterschiedliche Vorlieben: Ich sitze am liebsten so weit wie möglich hinten, Paola aber nimmt gern die vorderen Reihen – sie sehe dann besser, sagt sie. Jedes Mal, wenn wir ins Kino gehen, gibt es einen kleinen Streit darüber. Dann gibt es noch einen etwas größeren Streit, wenn Paola kurz vor dem Filmstart ihre Brille zu suchen beginnt, in der Handtasche, in der Jacke, in meinem Mantel – überall. Und einen richtig großen Streit gibt es, wenn sie die Brille nicht findet. Meistens ist die Brille aber irgendwo in einem hinteren Handtaschenwinkel, und wenn ich mich gerade aufzuregen beginne, findet Paola sie, setzt sie auf und sagt: »Was regst du dich auf – hier ist sie doch!«

Neulich gingen wir in das kleine Kino, das genau gegenüber unserem Haus liegt. Luis war bei der Oma. Paola wartete noch auf einen wichtigen Anruf.

Ich sagte: »Ich gehe schon rüber und halte Plätze frei. Soll ich deine Brille mitnehmen, damit du sie nicht vergisst?«

»Nein«, sagte Paola. »Nicht nötig.«

»Bist du sicher?«

»Absolut.«

Das Foyer war voll. Ich konnte mich nicht nach vorne drängeln, sondern zwängte mich mit der Menge ins Kino. Das Kino ist sehr klein, die Leute besetzten rasch alle Sitze. Nur in der vorletzten Reihe fand ich noch zwei zusammenhängende Plätze. Ich belegte sie. Paola kam nicht. Licht aus. Werbung. Fünf Minuten. Zehn Minuten. Tür auf: Paola. Ich winkte im Dunkel. Sie sah mich nicht. Suchte in den vorderen Reihen. Ich winkte. Rief leise. Sie kam zu mir.

»Jetzt sind wir zehn Jahre verheiratet!«, murmelte sie. »Du weißt, dass ich nicht hinten sitzen möchte.«

»Vorne waren keine Plätze. Warum bist du so spät?«

»Ich habe meine Brille nicht gefunden.«

»Und wo hast du sie jetzt?«

»Hier, in der Handtasche.«

Sie begann, in ihrer Handtasche zu kramen. Suchte die Brille. Suchte. Und suchte.

Und fand sie nicht.

»Sie muss rausgefallen sein«, flüsterte Paola. Sie begann auf dem Fußboden zu suchen. Ich kroch ebenfalls unter den Sitzen umher. Die Leute um uns wurden unruhig. Einige murrten leise. Der Hauptfilm begann.

»Jetzt habe ich sie doch auf der Kommode liegen lassen«, sagte Paola leise. Plötzlich lag ihre Hand auf meinem Knie. »Schatziiii ... Es ist gleich gegenüber. Und du sitzt außen.«

Ich ließ einen halblauten, unterdrückten Wutschrei los. »Ist jetzt bald Ruhe da hinten?«, rief jemand. Ich stand auf, verließ das Kino, ging hinüber und suchte Paolas Brille. Und suchte. Und suchte. Und fand sie nicht. Ich ging schließlich zum Schreibtisch und nahm aus der Schublade eine Ersatzbrille, die sie dort verwahrte.

Als ich ins Kino zurückkehrte, hatte Paola ihre Brille auf. »Ich habe sie doch noch gefunden«, sagte sie. »Stell dir vor: in meiner Jacke. Entschuldige tausend Mal.«

Ich stöhnte auf. Sie nahm meine Hand und küsste sie.

»Liebst du mich?«, fragte Paola.

»Sehr«, seufzte ich, küsste ihre Hand und versuchte mich zu erinnern, wie der Film hieß.

CHRISTINE BRÜCKNER

Frau Marcellus prüft die Marktlage

Frau Marcellus ist nicht das, was man eine leichtfertige Person nennen dürfte. Es ist wichtig, dass man das weiß und im Gedächtnis behält. Sie hat vielmehr ein Bedürfnis danach, dass »alles seine Ordnung hat«, wie sie das nennt. Jene Ordnung, die in den Schubladen anfängt und im Gemütsleben aufhört.

Sie tat den Schritt, von dem hier gleich die Rede sein wird, sogar aus demselben Verlangen nach Ordnung. Sie plante weit voraus, das allerdings muss man sagen. Doch wer tut das heute nicht, und nur die, die Frau Marcellus übel wollen – und das sind nicht viele, denn sie ist eine heitere, verträgliche Frau –, mögen sagen, dass sie es mit der Altersversorgung übertrieben habe.

Es gab zwischen Herrn und Frau Marcellus seit geraumer Zeit Differenzen. Man kann das auch präziser ausdrücken, denn diese Differenz – es handelte sich um eine, nicht um mehrere – gab es seit dem Rosenmontag: Sie war schwarzhaarig, langbeinig und kaum mehr als zweiundzwanzig Jahre alt. Frau Marcellus hatte Grund zu der Annahme, dass ihr Mann nur noch nach einer Handhabe suchte, um sich so rasch wie möglich von ihr und den Kindern zu trennen. Da sie sich außerstande sah, von heute auf morgen schwarzhaarig, langbeinig und zweiundzwanzig zu werden – sie war eine dieser naturblonden, zu weiblicher, aber angenehmer Üppigkeit neigenden Enddreißigerinnen –, und weil sie, teils aus Trägheit, teils aus begründeter Verärgerung, nicht gewillt war, mit diesem jungen Ding um ihren eigenen Mann zu kämpfen, besah sie sich Herrn Marcellus eines Morgens mit der ihr auch in anderen Dingen eigenen nüchternen Gründlichkeit.

Er verließ als Erster das eheliche Bett, gähnte ausgiebig, streckte sich, grunzte dabei, zog die Schlafanzugjacke aus und warf sie vors Bett. Derweil betrachtete sie die beiden nicht einmal kleinen Falten, die sich zwischen Brustkorb und Bauch quer über Herrn Marcellus zogen. Sie hörte ihm zu, wie er sein Kinn rieb, die bläulichen Bartstoppeln kratzte, sah, wie er im Gehen die Füße in die heruntergetretenen Pantoffeln schob. Jetzt erst bedachte er seine Frau mit einem »U-ah, Morgen, u-ah« und verschwand im Badezimmer. Sie hörte ihn gurgeln, sie hörte, wie er den Bartstaub über das Waschbecken pustete, hörte, dass er wieder ihr Kölnisch Wasser benutzte, und blieb auch dabei ganz ruhig im Bett liegen. An anderen Tagen pflegte sie in der Zwischenzeit aufzustehen und das Kaffeewasser aufzusetzen. Sie übertrieb es sogar und griff nach dem Roman, der auf ihrem Nachttisch lag, und fing an zu lesen; sie nahm kaum wahr, dass Herr Marcellus in das Schlafzimmer zurückkehrte, mittlerweile in Hemd und Hose, Ersteres umständlich in Letztere stopfend. Auf seine Anfrage erklärte sie, dass sie »keine Lust habe«. Er, empfindlich wie alle Menschen, die sich im Unrecht wissen, entgegnete: »Bitte,

bitte, ganz wie du meinst!« Und fünf Minuten später fiel die Korridortür hinter ihm ins Schloss.

Die Kinder mussten zur Schule, und die Schule ist eine Instanz, die selbst von den aufsässigsten Ehefrauen noch respektiert wird. Frau Marcellus weckte die Kinder, machte die Schulbrote, kochte Kakao, kontrollierte die Taschentücher, küsste die Kinder kurz, aber innig und schloss, vielleicht ein wenig eiliger als sonst, die Tür hinter ihnen, setzte sich an den Tisch und tat das, was später ihren Mann und alle, die davon Kenntnis erhielten – die Sache sprach sich natürlich herum –, in nicht geringes Erstaunen versetzte.

Sie war nicht rasch mit der Zunge, aber sie war geschickt mit der Feder. Ihr Stil mochte vielleicht manchmal drastisch sein, er war aber immer anschaulich, und in diesem besonderen Falle kam ihr noch die Sachkenntnis zugute, die sie wie andere Frauen auch beim Studium der Wochenzeitung erworben hatte. Sie gab, um es nun endlich zu sagen, eine Annonce auf. Sie setzte als Überschrift in großen, fett zu druckenden Buchstaben darüber:

HEITERE BLONDINE WÜNSCHT SICH ZU VERÄNDERN

Der Text entsprach anderen derartigen Annoncen. Ungewöhnlich war höchstens, dass »erfahrene Haus- und Ehefrau« dastand, was sie für wichtig hielt; vermutlich wollten nicht alle Männer eine Frau, die weder in der Behandlung von Fußböden noch in der Behandlung von Ehemännern Erfahrungen hatte. Sie verschwieg keineswegs ihr Alter und auch nicht die stattliche Erscheinung und schon gar nicht die beiden wohlerzogenen Kinder, auf die sie mit Recht stolz war.

Schließlich war sie ja nicht dumm! Bevor sie sich auf eine Scheidung von Herrn Marcellus einzulassen gedachte, wollte sie die Möglichkeiten prüfen, die ihr dann noch blieben. Dazu besaß sie ein Recht, was man ihr einräumen muss. Jeder Mensch hat einen Anspruch darauf zu wissen, wie groß das Risiko ist, das er mit dem nächsten, noch dazu unfreiwilligen Schritt eingeht. Auf ihre Weise gedachte sie die Marktlage zu prüfen.

Die nächste Szene spielte sich nicht annähernd so dramatisch ab, wie man das annehmen könnte. Herr Marcellus las die Zeitung nur bis zur vorletzten Seite, bis zu den Stellenangeboten, die Heiratsanzeigen standen auf der letzten Seite. Er studierte den Stellenmarkt. Er hatte die nicht unbegründete Besorgnis, dass er sich nicht nur menschlich, sondern auch beruflich verändern müsste; man war in seiner Behörde noch altmodisch eingestellt. Außerdem wollte »das junge Ding« – es ist unnötig, hier seinen Namen zu nennen, seine Rolle war bald ausgespielt – unbedingt im Ausland leben, was ihn, der keineswegs auf allen Gebieten eine Abenteurernatur war, beunruhigte, allerdings schmeichelte es ihm auch; er durfte annehmen, dass sie ihn für fähig hielt, sich überall durchzusetzen.

Herr Marcellus las die Anzeige also nicht. Das lag zu einem Teil auch daran, dass er für den Nachmittag verabredet war. Hätte er die letzte Seite auch nur aufgeschlagen, wäre es durchaus möglich gewesen, dass sein Blick an dieser auffälligen Überschrift hängen geblieben wäre oder aber, und das war nicht nur leichtsinnig oder fahrlässig, sondern auch ein wenig unverschämt: an seiner eigenen Telefonnummer. Frau Marcellus, die zwar eine gute und auch recht flinke Hausfrau war, neigte zur Bequemlichkeit. Ihr Sinn für das Zweckmäßige hatte ihr geraten, eventuelle Verabredungen nicht schriftlich zu treffen. Auswärtige Herren kamen sowieso nicht für sie in Frage. Die Kinder sollten nicht umgeschult werden, und für die Wohnung hatten sie einen hohen Zuschuss gezahlt, den sie nie wieder herausbekommen würden. Außerdem wohnten alle ihre Freundinnen hier. Auf einen Ortswechsel würde sie sich nicht einlassen, eher würde sie sich an einen anderen Mann gewöhnen können als an eine andere Umgebung. Von Bildzuschriften hielt sie ebenfalls nichts. Das Geld für das Rückporto konnte sie sparen, und ein persönlicher Eindruck war in jedem Falle besser. Dass ihre eigenen Reize weit mehr im Plastischen lagen und darum nicht fotogen waren, wusste sie ebenfalls, hatte es aber vorm Spiegel noch einmal geprüft.

Sie hatte die Zeit zwischen siebzehn und neunzehn Uhr am Sonnabend angegeben. Ihr Mann pflegte dann »etwas vorzuhaben«. Die Kinder schickte sie ins Kino; das war vielleicht nicht lobenswert, aber letztlich geschah das alles ja in ihrem Interesse. Besser ein zweiter Vater, der sich um die Erziehung kümmerte, als gar kein Vater. Sie selbst hätte schließlich auch ohne Mann auskommen können.

Sie wartete ohne Ungeduld. Sie nahm sich den Stopfkorb vor und wendete, was sie seit Monaten hinausgeschoben hatte, in einem Anfall von Rührung – wer wusste schließlich, ob sich das junge Ding auf so schwierige Sachen verstand! – die Manschetten eines Oberhemdes, das Herr Marcellus immer besonders gern getragen hatte.

Um siebzehn Uhr fünfzehn schellte das Telefon zum ersten Mal. Die Stimme klang angenehm, aber sie schlug als Treffpunkt das Restaurant am Tiergarten vor. Von klein auf hatte sie eine Abneigung gegen den Geruch von Raubtieren. Sie lehnte ab.

Es kann hier nicht auf alle Gespräche eingegangen werden; insgesamt waren es siebzehn. Keine Rede davon, dass sie dazu gekommen wäre, die Manschetten zu wenden! Kaum, dass die Zeit reichte, sie abzutrennen. Sie musste sich Notizen machen, damit sie überhaupt noch durchfand. Einmal schlug sie als Erkennungszeichen ihren hellblauen Chiffonschal vor, ein anderes Mal ging sie, obwohl ihr der Sinn für Romantik fehlte, darauf ein, dass der Herr eine weiße Nelke im Rockaufschlag tragen würde. Sie traf Verabredungen für fünf Abende, von Montag bis Freitag der kommenden Woche. Warum denn die Sache noch lange hinausschieben?

Als es neunzehn Uhr war, goss sie sich einen Johannisbeerlikör ein, räumte das Nähzeug weg, leerte das Glas und gleich noch ein zweites und sagte jedes Mal laut und befriedigt: »Na dann prost, Frau Marcellus!«

Herr Marcellus wurde nicht etwa schon am Montagabend aufmerksam, als seine Frau um acht Uhr tipptopp und proper angezogen in der Tür zum Wohnzimmer erschien und erklärte, sie ginge jetzt aus, er möge bitte auf die Kinder aufpassen. Ganz höflich sagte sie das, kaum dass man einen Unterton hätte wahrnehmen können, um neun müssten sie im Bett sein. Er dachte gar nicht daran zu fragen, wohin sie ging, und sie dachte ebenfalls nicht daran, sich eine Ausrede einfallen zu lassen, sie war, wie schon erwähnt, nicht rasch mit der Zunge.

Sie kam ein wenig forscher vielleicht als sonst, aber doch nicht eigentlich auffällig gegen elf Uhr dreißig zurück. Sie hatte zwei oder auch drei Glas Bier getrunken und einen Happen gegessen. Sie hätte vielleicht nicht im Flur einen Schlager trällern sollen, aber jeder benimmt sich einmal ungeschickt; sie hatte keine Übung im nächtlichen Nachhausekommen. Herr Marcellus hatte beschlossen, fest zu schlafen, mochte sie doch trällern, was und so lange sie wollte, er kannte jemanden, der konnte noch ganz anders trällern.

Am Mittwoch nahm er ihre Spur auf. Aber ausgerechnet da war sie im Kino verabredet. Er ging ärgerlich nach Hause, bevor er sehen konnte, dass sie rechts, wo es zu den Seitenlogen geht, stehen blieb und gleich darauf von einem korpulenten, aber doch noch rüstigen Herrn in Empfang genommen wurde und mit ihm im Dunkel verschwand. – Am Donnerstagabend wurde Herr Marcellus heftig. »Willst du mir vielleicht endlich erklären, was ich von deinen Unternehmungen zu halten habe?« Sie hätte natürlich nicht so herausfordernd zu lächeln brauchen, so mit beiden Händen auf den runden Hüften. Sie war reichlich selbstsicher geworden. Das lag an dem Herrn vom Dienstag, der ein Textilgeschäft besaß; vor ihrer Ehe war sie in dieser Branche tätig gewesen. Das war vielleicht etwas, vor allem für später, wenn die Kinder aus dem Haus sein würden. Unsympathisch war er auch nicht. Man würde mit ihm leben können, und Wunder erwartete sie nicht.

Herr Marcellus verlor die Nerven. Er dächte gar nicht daran, hier das Kindermädchen zu spielen, während sie sich herumtriebe! Er hätte es satt, jawohl, satt, bis dahin! Er zeigte ihr die Höhe seiner Ohren. Sie sollte nur so weitermachen, er seinerseits wüsste, was er zu tun hätte. Schließlich gäbe es ja auch noch Detektive, und ihre Harmlosigkeit wäre die blanke Durchtriebenheit. Und so weiter.

Am Freitag schickte er jedoch keinen Detektiv auf ihre Spur, sondern nur die Kinder vorzeitig ins Bett und folgte ihr mit aller Vorsicht. Sie ging zwanzig Schritte vor ihm, hatte die hochhackigen Pumps an, von denen sie immer behauptete, keinen Schritt darin gehen zu können, hatte das weiße Hütchen vom Frühjahr auf, ein bisschen zu schräg, aber es tat seine Wirkung. Sie schlenkerte heiter mit der Handtasche und trippelte leichtfüßig vor ihm her, kaum dass er ihr folgen konnte. Ziemlich alle Männer, die an ihr vorbeigingen, sahen sich nach ihr um, auch das entging ihm nicht.

Frau Marcellus strebte der »Oase« zu. Eine kleine Bar in einer Nebenstraße, die vor allem von jungen Leuten aufgesucht wurde. Der Vorschlag war nicht von ihr ausgegangen, aber als man die Verabredung traf, entsann sie sich, vor einiger Zeit eine Garderobenmarke dieses Lokals in der Jackentasche ihres Mannes gefunden zu haben.

Herr Marcellus war zu allem bereit. Er gedachte, »den Kerl zu stellen«. Dann wieder beschloss er, jetzt gleich, auf der Stelle, einen Detektiv anzurufen und die beiden in flagranti zu ertappen. Dann könnte er morgen, am Sonnabend, bereits zu seiner Freundin sagen –

Während er das überlegte, gab es die erste Panne. Er betrat die Bar, nickte dem Portier zu, schob den Perlenvorhang zur Seite und entdeckte mit dem ersten Blick seine Frau, die eben bei einem Herrn in weißem Flanell – man war bereits im Oktober! – Platz nahm. Mit dem zweiten Blick sah er dann seine Freundin mit einem dieser jungen Bürschchen.

Ich weiß nicht, was andere Männer in solchen Fällen tun. Herr Marcellus tat das Einzige, was ihm einfiel, nämlich gar nichts. Als er fünf Minuten vor dem Lokal auf einen Einfall gewartet hatte, ging er nach Hause. Er setzte sich ins Wohnzimmer, griff nach den Zeitungen, las hier etwas, da etwas, war wieder nahe daran, die Seite mit den Heiratsanzeigen zu lesen. Er holte sich aus der Speisekammer zwei Flaschen Bier. Lauwarm. Wenigstens das Bier hätte sie ihm doch kalt stellen können, bevor sie auf Tour ging! Merkwürdigerweise war er außerstande, den Zorn der Abende vorher wieder in Gang zu bekommen. Seine Leber drückte ihn. Aufregungen hatte er noch nie vertragen können, er war müde und abgespannt; er wollte, dass seine Frau endlich käme. Über das Verhalten seiner Freundin versuchte er nicht nachzudenken.

Frau Marcellus kehrte bereits vor Mitternacht zurück. Sie trällerte diesmal nicht. Der Abend war überhaupt nicht so verlaufen, wie sie sich das gedacht hatte. Wer wollte entscheiden, woran das gelegen hatte. Vielleicht wirklich an dem Herrn im weißen Flanell, der gleich eine Flasche Sekt spendiert hatte und dann so tat, als ob diese Investition sich umgehend bezahlt machen müsste. Vielleicht war sie auch nur müde. An den ersten Abenden hatten die Verabredungen ihr Spaß gemacht, jetzt aber hätte sie lieber zu Hause im Sessel gesessen und endlich den Roman zu Ende gelesen. Nach dem zweiten Glas Sekt hatte sie angefangen, die Bewerber zu verwechseln. Sie versuchte, sich den vom ersten Abend vorzustellen, den vom dritten, vom vierten, auch die Familiengeschichten gerieten in ein hoffnungsloses Durcheinander. Dieser hier kam sowieso nicht in Frage. Sollte sie etwa für weiße Flanellanzüge sorgen? Und dann: Männer, die gleich Sekt auffahren lassen! Wie sollte man da mit dem Wirtschaftsgeld auskommen? Nach ihrem Vermögensstand hatte er auch gleich gefragt. Als er dann seine Hand auf ihr Knie legte und noch näher rückte, wurde ihr das Ganze unheimlich. Sie entschuldigte sich für einen Augenblick, verließ die Bar durch den hinteren Flur und tat, was sie noch nie getan hatte: Sie bestellte sich ein Taxi.

Das Ganze hätte schlechter ausgehen können. Die Umstände waren für eine Versöhnung denkbar günstig. Frau Marcellus dachte noch eine Weile an das kleine Textilgeschäft. Herr Marcellus verwandte noch mehr als einen Gedanken an seine schwarzhaarige, langbeinige Freundin. Er ging sogar noch einmal mit ihr aus, fand sie allerdings dann recht mager.

Scheinbar war alles wie vorher, nur mit dem Unterschied, dass die Ehe wieder ausbalanciert war. Die Harmonie war wiederhergestellt, die Trümpfe befanden sich nicht mehr nur in einer Hand und wurden zuweilen gegeneinander ausgespielt.

Als man im Dezember bei einer kalten Ente den Geburtstag von Frau Marcellus feierte, holte sie ihre Anzeige hervor und erzählte freimütig von den Offerten, die sie bekommen hatte. Diskretion hatte sie keinem zugesichert, und die Namen hatte sie längst vergessen. Aber dass sie aus dieser Affäre als Siegerin hervorgegangen war, das wurde nur zu offenkundig. Alle waren sich einig, dass heutzutage keiner mehr einen Posten aufgibt, bevor er nicht weiß, wo er am nächsten Ersten sein Unterkommen hat.

Der Nachbar, mit dem Herr Marcellus früher manchmal zum Kegeln gegangen war – eine unseriöse Natur –, flüsterte ihr beim Abschied zu: »Frau Marcellus, wenn Sie sich wieder mal verändern wollen …«

Oskar Maria Graf

Bolwieser

In einer Kleinstadt, an einem strahlenden Sommermorgen, ein unaufgeräumtes, nett möbliertes Schlafzimmer noch nicht lang verheirateter Leute – wenn aus den offenen Fenstern die blühweißen Decken und Leintücher gestülpt sind, und die Sonne allmählich den ganzen Raum erglänzen lässt –, das hat etwas Bestrickendes!

Die Erinnerung an die vergangene Nacht umwebt noch jedes Möbelstück. Die heitere Helligkeit kriecht nach und nach in die heimlichsten Nischen. Die frische Morgenluft vermengt sich mit dem eigentümlich erregenden Körpergeruch, welcher sich noch nicht ganz verflüchtigt hat, lockert ihn langsam auf und erfüllt den Menschen, der sich zufällig in dem betreffenden Zimmer aufhält, mit einem verschwiegenen, unbeschreiblich wohltuenden Triumph.

Ein Mann von fünfundzwanzig Jahren verfällt dabei in eine zärtliche Illusion. Ein neu gebackener Ehemann Mitte der dreißig aber steht gelassen da wie ein überlegener Sieger und empfindet ganz körperlich.

Er ist satt. »Schön war's! ... Wunderschön!«, resümiert er. Alle Geschehnisse der Nacht wachen wieder auf in ihm. Die Regungen, deren er sich entsinnt, hält er mit lüsterner Bedachtsamkeit fest. Er denkt an die lächerlichsten Kleinigkeiten. An vieles! Und es ist doch immer nur der Körper seiner Frau.

»Alles gehört dir! Ganz dir! Nur dir!«, jauchzt er insgeheim und spürt Kraft und Leben. Jung, unsagbar jung glaubt er zu sein, und es ist ihm, als seien alle Frauen der Welt wie die seine, als hätten auch sie nur quellende Brüste, einen ebenso feuchten Mund, dieselben weichen Arme und die gleichen heißen, zuckenden Schenkel.

Dieses Gefühl steigert sich bis zur gierigen Zuversicht, dass jede Nacht so und nicht anders, ja, womöglich noch berauschender sein wird! Er taumelt in Gedanken in die verwegensten Lüste ...

Solcherart stand der Bahnhofsvorstand Xaver Bolwieser im Schlafzimmer seiner Dienstwohnung vor dem großen Spiegel und zog an den beiden Enden seines karierten Selbstbinders. Er war ein mittelgroßer, leicht beleibter Mann, mit gesundem Gesicht und gutmütigen, braunen Augen. Sein unverbrauchtes Haar war glatt gescheitelt und hob die Rundheit des Kopfes noch mehr hervor. Zwischen den rosigen Backen hügelte sich die stumpfe, kurze Sattelnase, und darunter borstete sich ein dichter, sorgfältig zurechtgestutzter Schnurrbart.

Die Tür zum Gang stand offen, und von der nach hinten liegenden Küche kam Tellergeklapper und ein summendes Singen. Seine Frau bereitete das Frühstück. Der Duft des eben aufgebrühten Kaffees schwamm daher. Bolwieser schnupperte behaglich daran und bekam ein noch glücklicheres Gesicht. Er ließ den Selbstbinder los und atmete tief.

Draußen vor den Fenstern stand der freundliche Tag. Silbern funkelten die Gleise in der Sonne und liefen viel verschlungen unter die hohe, verrußte Brücke. Die Stadt mit ihren altertümlichen, ineinander geschachtelten Häusern sah appetitlich aus, und der klare Himmel spannte sich wie eine durchsichtige Glasglocke darüber.

Bolwieser wandte sich wieder dem Spiegel zu und entdeckte darin das zart rosafarbige, reich bestickte Nachthemd auf dem Bett seiner Frau. Mechanisch griff er nach seinem Selbstbinder, aber seine Hände blieben untätig. Er betrachtete immer und immer dieses hübsche Hemd. Der weiche Batist rann über die Bettkante. Flach ausgebreitet war das Hemd und verriet trotzdem noch deutlich die Formen des Körpers, welcher es getragen hatte.

Der Bahnhofsvorstand bekam merkwürdig haltlose Züge. Seine Lippen öffneten sich ein wenig. Dann verschwamm ihm der Blick. Hm, ja, gestern Nacht, hmhm!

Beim Greinbräu war er mit dem Oberförster Windegger und dem Oberinspektor Lederer zum Tarock gewesen.

»Zahlen jetzt, zahlen, Mariele!«, sagte der Oberinspektor und legte die Karten hin. Jeder steifte den müdgekrümmten Rücken. Bolwiesers Kopf war dumpf und ein wenig drehrig. Die strammgewachsene, blutjunge Kellnerin kam herbei: »Drei Mass Helles, Herr Oberinspektor, und ein Gulasch.« Ihre sanft ausbuchtende Hüfte berührte die Schulter des Sitzenden, und dieser hob nickend sein unbelebtes, blasses Stubengesicht, lächelte verspielt und tätschelte wie zufällig den Hintern des Mädchens. Nur so ...

Die drei im rauchigen Nebenzimmer waren die einzigen Gäste zu so später Stunde. Längst war draußen die Wirtsstube dunkel und still. Ausgelaugt vom Kartenspiel und leicht angeheitert vom Bier saß man da. Jeder blickte auf die Kellnerin. Die hatte ihren Oberkörper in den Tisch gebeugt und rechnete zusammen.

Drei sozusagen erprobte Ehemänner umgaben sie.

Bolwieser lugte in ihren Blusenausschnitt und entdeckte unter dem Gekräusel der bespitzten Unterwäsche eine prächtig erblühte, weiße, feste Brust. Er nahm etliche gierige Augen voll. Verborgen und geschwind. Das aber entging dem Oberförster Windegger nicht. Auch er fuhr jetzt angeregt über die prallen Hinterbacken des Mädchens und scherzte: »Mariele? ... Mariele! Du scheinst ja direkt gar nichts unten drinn' anzuhaben, was?« Die Kellnerin fand nichts Anstößiges an diesen Zudringlichkeiten und gab vorwitzig zurück: »Ja, warten S'! Anpumpeln werd' ich mich bei so einer Hitz' wie eine Klosterfrau!« Das erheiterte.

»Hast Recht, Mariele!«, unterstützte sie Windegger lustig. »Ganz Recht! Wo nichts ist, braucht man nichts wegräumen, wenn's drauf ankommt.« Und keck kniff er sie, dass sie sich lässig wegwandte und ungeniert sagte: »Ah Sie! ... Was Sie schon wieder alles meinen, Herr Oberförster!« Jeder amüsierte sich darüber. Dann ging man gemütlich.

Als Bolwieser später im ehelichen Schlafzimmer ankam, traf er seine Frau noch wach. Er beugte sich nieder und küsste sie, aber sie wischte wie enttäuscht mit der Hand über ihren Mund und schalt vorwurfsvoll: »Pfui! Du riechst so nach Bier! Pfui!« Sie streckte sich atmend: »Ach, ist das eine Hitze heut'! Nicht zum Einschlafen!« Er überflog sie mit jäh erweckten Augen, murmelte einige Entschuldigungsworte heraus und verschwand hastig durch die Türe. Im Bad machte er Licht, ließ das kalte Wasser über seinen Kopf rinnen und spülte sich gurgelnd den Mund aus.

»He! Du! ... Xaver?«, hörte er sie mittendrinnen halblaut rufen und gab ebenso Antwort: »Ja! Jaja! Gleich komm' ich! Gleich!« Eilig trocknete er sich ab, und als er zurückkam, brannte das Licht auf ihrem Nachttisch. Sie lag erwartungsvoll bereit im aufgedeckten Bett und lächelte ihn sonderbar an. Ihr Haar war geordnet, ein feiner, süßer Duft entstieg ihrem Körper, und das rosa Nachthemd hatte sie an.

»Komm!«, hauchte sie verhalten: »So spät ist's schon!«

»E-entschuldige! Entschuldige!«, stammelte er: »A-aber morgen hab' ich ja keinen Dienst!« Er war ganz frisch.

»Komm! Komm doch!«, hob sie ihre nackten, weichen Arme, und er erbebte.

Das Licht erlosch erst, als die milchweiße Dämmerung durch die offenen, verhängten Fenster rann ...

Das Beste

Wenn dir's in Kopf und Herzen schwirrt,
Was willst du Bess'res haben!
Wer nicht mehr liebt und nicht mehr irrt,
Der lasse sich begraben.

Johann Wolfgang von Goethe

Doris Dörrie

Rote Rosen

Charlotte wachte an ihrem Hochzeitstag auf und hatte keine Lust zu heiraten. Sie grub sich tief in ihre Kissen und wünschte, der Tag wäre schon vorbei. Sie drehte sich langsam auf den Rücken und beobachtete ihren zukünftigen Ehemann beim Anziehen. Er zog sich nach demselben System an wie jeden Tag. Er hätte genauso gut ins Büro gehen können. Ordentlich zog er die Socken hoch, knöpfte bedächtig sein Hemd zu, glättete den Kragen, dann stieg er vorsichtig in seine Hose, setzte sich aufs Bett und band sich die Schnürsenkel seiner handgemachten englischen Schuhe zu. Sie hasste seine Schuhe, von denen er jeweils zwei Paar in Schwarz und zwei Paar in Braun besaß, und die, wie er immer wieder begeistert verkündete, sein ganzes Leben lang halten würden. Werde ich ihn irgendwann von Kopf bis Fuß hassen, nicht nur seine Schuhe?, dachte Charlotte. Robert griff nach ihrem Fuß unter der Bettdecke, hielt ihn fest und kitzelte ihn. Gleichzeitig sah er auf die Uhr.

»In einer halben Stunde holen uns deine Eltern ab. Ich weiß nicht, wie lange du brauchst, aber vielleicht solltest du langsam aufstehen.« Charlotte wiederholte seine Worte in ihrem Kopf: ICH WEISS NICHT, WIE

LANGE DU BRAUCHST, ABER VIELLEICHT SOLLTEST DU LANGSAM AUFSTEHEN. Sie hätte sich jetzt gern wie ein kleines Kind schreiend auf den Boden geworfen. Aber ich bin die vernünftige Charlotte, dachte Charlotte bitter, und ich heirate einen vernünftigen Mann.

»Du hast Recht«, sagte sie. Sie entzog ihm ihren Fuß, stand auf, gab ihm einen flüchtigen Kuss und ging schnell, bevor er sie festhalten konnte, ins Bad. Sie nahm zwei von den kleinen grünen Pillen, die ihre Gedanken so angenehm flauschig werden ließen, dass man sich nicht mehr an ihnen stieß.

Wie gut Charlotte immer aussieht, dachte Fanny neidisch, als ihre Schwester am Arm ihres Vaters in die Kirche geleitet wurde. Ihr schmales Gesicht lässt einen vollkommen vergessen, dass sie ganz schön breit in den Hüften ist. Selbst Robert sieht ganz passabel aus. Bei manchen Männern hilft ein Anzug. Amüsiert beobachtete sie, wie ihrer Mutter beim Anblick von Charlotte im Hochzeitskleid prompt die Tränen in die Augen stiegen. Aber eine halbe Stunde später, als Charlotte und Robert die Ringe tauschten, fing auch Fanny an zu schnüffeln. Klaus legte ihr ungefragt ein Taschentuch in den Schoß. Fanny legte ihre Hand auf sein Knie.

Sie bewarf das Brautpaar pfundweise mit Reis, und die Reiskörner blieben in Roberts schwarzen Haaren hängen und ließen ihn frühzeitig ergraut aussehen. Fannys alte Tante Hedda wackelte missmutig mit dem Kopf. »Der gute Reis«, sagte sie. Solange Fanny denken konnte, war sie die »alte« Tante Hedda. Sie hatte nie geheiratet, und als Kind hatte Fanny geglaubt, mit Tante Hedda sei etwas nicht in Ordnung, sie konnte doch nicht freiwillig so leben, ohne Kinder und ohne Mann. Später erzählte ihr ihre Mutter, Tante Hedda habe Männer einfach immer nur sterbenslangweilig gefunden; schon als Backfisch sei sie in ihrer Gesellschaft einfach eingeschlafen. Wie klug, den ganzen Kram mit der Liebe einfach auszulassen, dachte Fanny jetzt, als sie Tante Hedda am Arm nahm, um sie die Kirchenstufen hinunterzuführen. Sie erschrak über Tante Heddas dünne Vogelknochen unter dem Seidenkleid. Überhaupt waren die älteren Verwandten meist erstaunlich geschrumpft, während die Onkel und Tanten um die fünfzig viel dicker und mächtiger erschienen, als Fanny sie in Erinnerung hatte. Im Alter ist man anscheinend wie ein Soufflé, das aufgeht, bevor es in sich zusammenfällt, dachte sie. Ihr fiel ein Satz ihrer Mutter ein: Mit fünfzig muss man sich entscheiden, ob man für den Rest seines Lebens eine Kuh oder eine Ziege sein will. Aber ihre Mutter war weder das eine noch das andere geworden. In ihrem ockerfarbenen Chiffonkleid und mit ihren grauen Haaren sah sie aus wie eine große, elegante Katze, die mit wachen Augen alles registrierte, was um sie herum vor sich ging. Es war ihr auch nicht entgangen, dass Fanny sich vor der Konversation mit den Verwandten durch übergroße Hilfsbereitschaft drücken wollte. Sie nahm Fanny das Tablett mit den Sektgläsern aus der Hand und sagte leise, während sie weiter den Gästen zulächelte: »Wenn du mir einen Gefallen tun willst, unterhältst du dich mit den Leuten und spielst hier nicht die Kellnerin.« Fanny floh in die Küche. Dort standen zwei Köchinnen an der Anrichte, die sofort verstummten, als sie hereinkam. Die eine von ihnen platzierte mit einer Spritztüte winzige Sahnekringel auf winzige Fleischhäppchen, die andere zerteilte Weintrauben, entkernte sie und legte die Hälften vorsichtig auf die Sahnekringel. Fanny hätte zu gern mit ihnen getauscht. Warum, dachte sie, kann ich mich nicht einfach über die Hochzeit meiner Schwester freuen?

Eine junge Kellnerin in schwarzem Minikleid und weißer Schürze stürmte in die Küche und rief: »Die Häppchen müssen raus, sonst liegen bald alle besoffen unterm Tisch!« Sie zögerte einen Moment, als sie Fanny sah, und Fanny rechnete fest damit, sie würde sich entschuldigen, aber das auffallend hübsche Mädchen sah sie nur leicht spöttisch an und sagte: »Ist doch wahr.« Sie nahm von den Köchinnen zwei Tabletts entgegen und ging mit ihnen wieder hinaus.

Als Fanny sich nicht länger in der Küche verstecken konnte, ohne aufzufallen, drückte sie sich in den Ecken herum und sammelte abgestellte Sektgläser ein. Sie beobachtete Klaus, der mit ihrer kleinen Kusine Lilli schäkerte und ihr Komplimente über ihr blaues Samtkleid mit einer riesigen rosa Schleife auf dem Po machte. Lilli lächelte gnädig. Fanny mochte Lillis Eltern, Tante Louise und Onkel Franz. Sie waren noch ziemlich jung und fragten Fanny nicht ständig, wie sie sich ihr weiteres Leben vorstelle. Louise trug ein knallrotes weit ausgeschnittenes Kleid. Als Fanny sich umdrehte, sah sie gerade noch, wie der Blick ihrer Mutter missbilligend auf Louises Dekolleté ruhte. Ihre Mutter stand etwas erhöht auf einer Stufe wie ein General und beobachtete prüfend das Geschehen.

Fanny sah, wie ihr Vater ihre Mutter in den Arm nahm und ihr etwas ins Ohr flüsterte. Dass sie schön aussah am Hochzeitstag ihrer Tochter? Dass sie bald alles überstanden haben würden? Dass sie aufhören solle, sich Sorgen darüber zu machen, ob das angeheuerte Personal das teure Porzellan auch wirklich nicht in die Spülmaschine stellte? Er fasste seine Frau um die Taille und drückte sie an sich. Er war vier Jahre älter als sie, sah aber zehn Jahre jünger aus, immer leicht gebräunt, und seine Haare waren noch tiefschwarz. Fanny fragte sich, ob er sie sich inzwischen färben ließ. Ihre Mutter hatte früher leuchtend rotblonde Haare gehabt, die sie zum Bedauern beider Töchter keiner vererbt hatte.

Als immer mehr graue Haare ihre frühere Haarfarbe allmählich verdrängten, hatte Fanny ihr einmal eine blonde Tönung geschenkt. Aber sie hatte nur lächelnd den Kopf geschüttelt: »Nein, nein, Fanny. Was vorbei ist, ist vorbei.« Wie lernt man das, dachte Fanny plötzlich verzweifelt, wie lerne ich jemals, zu akzeptieren, dass alles so ist, wie es ist?

Fannys Mutter legte den Kopf auf die Schulter ihres Mannes. Fanny betrachtete die beiden gerührt. Jemand sollte ein Foto von ihnen machen, dachte sie, wie sie so dastehen, stolz, zufrieden und erschöpft. Fanny sah das Foto vor sich wie das Schwarzweißbild eines unbekannten, glücklich in die Kamera lächelnden älteren Ehepaares mit der Unterschrift: HERBERT UND EVA FINCK AM 23.5.1987 – SIE WUSSTEN NICHT, DASS ... Sie wussten nicht, dass Charlotte erst vor vier Wochen eine Abtreibung hatte vornehmen lassen, weil sie sich plötzlich nicht mehr sicher war, ob sie

Robert heiraten wollte. Sie wussten nicht, dass Fanny und Klaus zu viel tranken und unglücklich waren, dass Fanny so wenig wusste, was sie mit ihrem Leben anfangen sollte, dass sie oft an Selbstmord dachte. Sie wussten nicht, dass Charlotte, die brave Charlotte, jahrelang Gras geraucht hatte, sie wussten nicht, dass Fanny ihre Liebhaber schon lange nicht mehr an zehn Fingern abzählen konnte, dass Robert, Charlottes frisch gebackener Ehemann, Fanny eines Abends, als Charlotte schon schlafen gegangen war, die Hand aufs Knie und darüber gelegt hatte, dass er fünf Jahre mit einer Griechin verheiratet gewesen war, die eines Morgens um vier mit fünfzig Schlaftabletten und zwei Flaschen Rotwein im Bauch aus dem Fenster gesprungen war, sie wussten nicht, dass ...

»Hors d'œuvre gefällig?« Die hübsche Kellnerin hielt Fanny mit frechem Augenaufschlag das Tablett unter die Nase, und Fanny wusste bereits, wie Klaus auf diesen Augenaufschlag reagieren würde.

Und tatsächlich sah sie wenig später, als sie gelangweilt versuchte, Tante Olga ihren Job als Tontechnikerin zu erklären, wie Klaus auf der anderen Seite des Raums betont langsam ein Häppchen vom Tablett der hübschen Kellnerin nahm, lasziv hineinbiss und das Mädchen mit seinem bestechenden, jungenhaften Grinsen bedachte.

Er konnte dieses Grinsen an- und ausknipsen wie eine Glühbirne. Fanny hatte sich wegen dieses Grinsens in ihn verliebt, jetzt dachte sie manchmal daran, sich wegen desselben Grinsens von ihm zu trennen. Klaus konnte nicht nur dieses Grinsen, sondern all seine Gefühle ganz nach Belieben an- und abschalten, er hatte sich immer unter Kontrolle und verstand nicht, dass Fanny von ihren Gefühlen überschwemmt wurde wie von einer Springflut.

Fanny erfuhr von Charlottes Heiratsplänen, als sie gerade krank im Bett lag. Krank, voller Selbstmitleid und einsam, denn Klaus war auf Geschäftsreise, ihre beste Freundin frisch verliebt und nicht ansprechbar, rief sie ihre Mutter an, um ein bisschen zu jammern und sich trösten zu lassen. Aber nach zwei Sätzen über ihre entzündeten Mandeln unterbrach ihre Mutter sie: »Deine Schwester heiratet!«, rief sie aufgeregt. »Stell dir vor, deine Schwester!«

Fanny stellte es sich vor, und obwohl sie fand, dass Robert, der zukünftige Ehemann ihrer Schwester, langweilig und humorlos und ihre Schwester von allen guten Geistern verlassen sei, und sie die Ehe ja sowieso als bürgerliche Institution strikt ablehnte, brach sie, nachdem sie eingehängt hatte, in Tränen aus. Charlotte bekam alles, und sie nichts! Schon immer hatte die Schwester den größeren Teil Schokolade, die hübschere Puppe, das bessere Fahrrad bekommen, so kam es Fanny jetzt vor, mehr Lob, mehr Zuneigung, mehr Bewunderung, mehr von allem, und Fanny wusste auch, warum: weil Charlotte warten konnte. Nicht gierig war wie sie. Egoistisch. Und deshalb bekam die anspruchslose, geduldige, bescheidene Charlotte auch jetzt, was sie wollte: ein richtiges, normales, handfestes Leben. Fanny kam sich dagegen vor, als säße sie auf einer Wolke, die ohne Bindung an irgendetwas sinnlos über die Erde schwebte, dazu verdammt, immer nur zu beobachten und nie teilnehmen zu dürfen.

Teilnehmen an was?, fragte Klaus, als er drei Tage später von seiner Geschäftsreise zurückkehrte und

Fanny bleich und verheult im Bett vorfand. An Roberts langweiligem Alltag als Chef einer japanischen Autovertretung? An dem nervtötenden Leben ihrer Schwester als Lehrerin für Englisch und Geschichte? An den spießigen Träumen der beiden von Badeferien in der Türkei und Kulturreisen nach Nepal? An ihren Sorgen, die Eigentumswohnung nicht optimal abgesetzt zu haben? An diesem Nullachtfünfzehn-Leben wollte sie so gern teilhaben?

Nein, schrie Fanny wütend. Du verstehst überhaupt nichts. Und du, erwiderte Klaus kühl, du weißt nicht, was du willst.

Ein halbes Jahr später, sechs Wochen vor Charlottes Hochzeit, saß Fanny nach einem langen, erfolglosen Einkaufsbummel mit ihrer Mutter im Operncafé. Ihre Mutter hatte sehr bestimmte Vorstellungen, wenn sie »in die Stadt ging«, wie sie es nannte, und war nicht bereit, einen Deut von ihnen abzurücken. Lieber kaufte sie gar nichts.

Den ganzen Vormittag waren sie auf der Jagd nach einer lachsroten Bluse gewesen, aber entweder war die Farbe nicht ganz richtig oder wenn die Farbe stimmte, war das Material falsch, und wenn ihr der Stoff zusagte, mochte sie den Schnitt nicht. Sie machte Fanny damit rasend, wusste das auch, wünschte sich aber immer wieder, von ihr beim Einkaufen begleitet zu werden.

»Schade, dass Klaus' Geschmack für mich etwas zu extravagant ist«, sagte ihre Mutter, »aber der wüsste wenigstens, was mir steht.«

»Dir stehen keine lachsroten Blusen«, beharrte Fanny und fragte sich, welchen Geschmack Klaus eigentlich hatte. Bestimmt keinen extravaganten. Eher gar keinen. Sie sah sich gelangweilt um, und ihr fiel dabei auf, dass auffallend viele Damen im Café unter ihren beigefarbenen und grauen Kostümjacken lachsrote Blusen trugen.

»Wie findet Klaus eigentlich Robert?«, fragte ihre Mutter unvermittelt.

»Langweilig. Wie ich«, antwortete Fanny und hörte förmlich schon die Ermahnung, nicht über ihren zukünftigen Schwager herzuziehen, aber ihre Mutter blieb stumm, sah sie ernst an und bewegte die Kuchengabel in der Luft, als skandiere sie einen Satz, den sie erst noch üben musste, bevor sie ihn aussprach. Schließlich sagte sie: »Robert hat deiner Schwester gelbe Rosen zum Geburtstag geschenkt.«

»Aha«, sagte Fanny desinteressiert.

»Dabei hatte sie sich rote gewünscht«, fuhr ihre Mutter fort und machte ein sorgenvolles Gesicht.

»Pech«, sagte Fanny und wünschte, sie hätte ihre Mutter schon zu Hause abgeliefert.

»Dabei hat sie ihm gegenüber mehrmals fallen lassen, wie schön sie rote Rosen findet.« Ihre Mutter machte eine Pause und sah ihre Tochter prüfend an, als überlege sie, ob sie ihr vertrauen könne.

»Wenn es das erste Mal wäre«, redete sie dann bekümmert weiter, »würde ich ja nichts weiter sagen, aber er hat ihr einfach noch nie rote Rosen geschenkt. Immer Rosen, aber nie rote.«

»Na und?«, sagte Fanny lahm.

»Rote Rosen bedeuten doch etwas. Das muss er doch wissen. Aber es sind ja nicht nur die Rosen. Ich weiß, wie sehr sich Charlotte von ihm zum Geburtstag einen Ring gewünscht hat.«

»Verlobungsring oder was?«

»Nein. So spießig ist deine Schwester nicht, das weißt du ganz genau. Irgendeinen schönen Ring. Nichts Teures. Aber eben einen Ring. Sie hat ihm sogar Ringe gezeigt, die ihr gefallen würden. Daraufhin hat er gesagt, er wisse doch nicht ihre Größe. Also hat sie ihren Finger ausgemessen und ihm die Maße aufgeschrieben. Und ihm mehrmals gesagt, dass sie am liebsten Ringe trägt. Ohrringe stehen ihr nicht, Ketten mag sie nicht, es sollte ein Ring sein. Jetzt rate mal, was er ihr geschenkt hat!«

»Mama, es ist mir, ehrlich gesagt, wurscht, was Robert meiner Schwester zum Geburtstag schenkt.« Ihre Mutter seufzte und starrte in ihren Kaffee. Als sie aufsah, glänzten ihre Augen. Fanny war sich nicht sicher, ob von unterdrückten Tränen oder Kaffeedampf.

»Du mit deiner Kaltschnäuzigkeit. Hast du deiner Schwester wenigstens gratuliert?«

»Ja. Hab sie angerufen. Also, was hat er ihr geschenkt?«

»Dass du und deine Schwester euch einmal so gleichgültig werden würdet ...«

»Jetzt sag schon, was hat er ihr geschenkt?«

»Eine Brosche. Er hat ihr irgendeine blöde Brosche geschenkt.« Sie sah über Fannys Haaransatz hinweg in den Raum und sagte dann leise: »Ich weiß nicht, ob sie ihn heiraten sollte. Erst die Geschichte mit den Rosen und dann die Brosche. Er ist ein Egoist.« Mit einem Mal sah sie klein und alt aus, wie sie da unter all den Kuchen essenden Damen in lachsroten Blusen im Café saß, und Fanny hätte sie gern spontan in den Arm genommen.

»Ach, weißt du«, sagte Fanny und bemühte sich, fröhlich zu klingen, »dann soll sie sich eben in Zukunft ihre Ringe selbst kaufen. Wenn's nur das ist.«

»Ich weiß nicht«, sagte ihre Mutter und tupfte sich die Augen, »du vergisst die Rosen.«

Zwei Wochen später rief Charlotte Fanny an und bat sie, sie ins Krankenhaus zu begleiten.

»Bist du sicher, dass du es wirklich nicht willst?«, fragte Fanny vorsichtig.

»Wenn ich sicher sein könnte, dass sich Robert sicher ist, wäre ich nicht so unsicher. Du musst zugeben, dass das keine gute Basis ist für ein Kind.«

»Aber was ist schon sicher?«, sagte Fanny und musste an den Ring und die Rosen denken.

»Sehr weise, große Schwester«, sagte Charlotte, und Fanny wartete auf ihr spöttisches Lachen, aber es kam nicht.

Allen andern, selbst Robert, erzählte Charlotte, sie sei mit ihrer Klasse auf einem mehrtägigen Schulausflug. Auf der Fahrt zum Krankenhaus erklärte sie Fanny die Vorzüge einer Beamten-Krankenversicherung. Sie sah tapfer und vernünftig aus, als sie ins Operationszimmer ging, und als sie eine Dreiviertelstunde später wieder herauskam, hatte sie genau denselben Ausdruck im Gesicht, als sei er darauf festgefroren.

Vielleicht würde sie ihre roten Rosen bekommen, wenn sie nicht immer so verdammt vernünftig aussehen würde, dachte Fanny.

Tante Hedda trug zu Charlottes Ehren ein kleines Gedicht vor. Manchmal blieb sie stecken und sah dann lange auf ihren Spickzettel, bis sie die nächste Zeile gefunden hatte. Robert knabberte an Charlottes Hals und küsste ihr das Ohrläppchen. Fannys Tischherr, Onkel Alf, flüsterte Fanny ins Ohr: »Ach Gott, muss Liebe schön sein«, und dann kicherte er blöd. Er hatte ein großes Muttermal in der Form eines Ahornblatts auf der Wange, das sie als Kind fasziniert angestarrt hatte. Jetzt im Alter war es zusammengeschrumpelt und bewegte sich zitternd, wenn er kaute oder sprach. Wahrscheinlich wusste er gar nicht mehr, dass er vor vielen Jahren auf Charlottes Konfirmation Fanny ins Bad gedrängt und ihr mit einer blitzschnellen Bewegung unter das Kleid gegriffen hatte. Seine gierige Tatscherei verwandelte sich, als jemand die Treppe heraufkam, blitzschnell wieder in eine onkelhafte Umarmung, und bevor Fanny überhaupt richtig verstanden hatte, war er bereits wieder der lustige Onkel Alf mit dem komischen Fleck auf der Backe.

Jetzt sah Fanny, wie er absichtlich den Arm der hübschen Kellnerin streifte, als sie ihm vorlegte. Das Mädchen gönnte ihm keinen Blick und ging weiter zur Tischdame von Klaus, der dicken Annette. Klaus machte einen Witz und Annettes fleischige Oberarme bebten unter ihrem Gelächter. Die hübsche Kellnerin versuchte, Klaus' Aufmerksamkeit auf sich zu ziehen und fragte ihn mehrmals, ob er nicht noch etwas Soße haben wolle. Klaus schüttelte abwesend und leicht ungeduldig den Kopf, aber Fanny wusste genau, dass das nur gespielt war, um das Mädchen zu reizen. Tatsächlich war dem Mädchen eine Spur Verunsicherung anzumerken, weil es die Soßenterrine wie erstarrt in der Luft hielt und nicht gleich weiterging. Dann setzte es eine übertrieben arrogante Miene auf und kam um den Tisch herum, zu Onkel Alf, der schon unruhig auf seinem Stuhl hin- und herrutschte, bis die Reihe an ihm war.

»Soße?«, fragte das Mädchen kühl, und Onkel Alf sah es mit Hundeaugen an und sagte bedeutungsvoll: »Ja, bitte. So viel wie möglich.« Er zitterte vor Geilheit wie ein Pinscher, wenn es kalt ist, aber das Mädchen kippte ihm ungerührt einen ganzen See dunkler Soße über den Braten und ging weiter zu Fanny. Werden denn alle Männer, wenn sie alt sind, unweigerlich lächerlich?, dachte Fanny, während sie dem Mädchen ihren Teller hinhielt. In diesem Moment prostete ihr Vater ihr von weitem zu, als wolle er sagen, na ja, manche vielleicht, aber bestimmt nicht alle, schau mich an, und Fanny lächelte ihm dankbar zu, da bog die Kellnerin um die Tischecke und beugte sich zu ihrem Vater hinunter. Fanny hielt unwillkürlich den Atem an, aber ihr Vater schüttelte nur knapp den Kopf, das Mädchen wollte schon weitergehen. Fanny war fast erlöst, da hob ihr Vater plötzlich den Blick, sah die hübsche Kellnerin an, sagte etwas zu ihr, und in seinem Blick lag mit einem Mal so viel Sehnsucht, ein so inständiges Betteln, dass Fanny heiß wurde vor Scham. In ihren Ohren rauschte laut das Blut, sie hörte nichts mehr, und um sie herum klappten die Menschen die Münder auf und zu wie die Fische.

Enttäuschung breitete sich in ihr aus wie ein Tropfen Tinte in einem Glas Wasser und färbte alles, was sie dachte, diffus ein mit Traurigkeit und dem Gefühl von Verlassenheit. Sie suchte Klaus' Blick, aber der unterhielt weiterhin die dicke Annette, als gelte es, einen Preis als witzigster Tischherr zu gewinnen. Das ist mir alles zu blöd, dachte Fanny verzweifelt, das ist mir alles viel zu blöd.

Kaum wurde die Tafel aufgehoben, bahnte sie sich einen Weg durch die wogenden Taft- und Samtkleider und Wolken von Parfüm, lief aus dem Zimmer nach oben und ließ die Hochzeitsgesellschaft hinter sich wie ein zu laut eingestelltes Fernsehprogramm.

Der dicke Teppich im dunklen Flur saugte die Musik und die Geräusche auf wie ein Schwamm. Fanny konnte sich plötzlich genau an das Gefühl dieses Teppichs unter ihren nackten Kinderfüßen erinnern, selbst an den etwas muffigen Geruch. Bis zum ersten Treppenabsatz war sie nachts, wenn sie nicht schlafen konnte, oft über diesen Teppich gekrochen und hatte dort im Schutz einer kleinen Konsole ihre Eltern unten im Wohnzimmer beobachtet, wie sie da saßen und lasen. Keiner von ihnen sprach. Sie blätterten Seite um Seite um, sahen manchmal auf und lächelten sich zu. Es war für Fanny immer aufregend und unheimlich zugleich gewesen, ihre Eltern so zu sehen. Sie erkannte sie nicht wieder, als seien sie Fremde, die sie bei einer geheimen Tätigkeit beobachtete. Manchmal wurde es ihr zu unheimlich, dann kam sie aus ihrem Versteck heraus, ging die Treppe hinunter und sagte: »Ich kann nicht schlafen«, und wie durch ein Zauberwort verwandelten sich dann die beiden fremden Menschen wieder in ihre Eltern. Sie wurde auf den Schoß genommen, bekam Zuckerwasser, und schließlich trug sie ihre Mutter zurück ins Bett.

In dieses Bett wollte Fanny sich jetzt legen und ein bisschen vor sich hin weinen. Aber als sie die Tür öffnete, sah sie, dass ihre Mutter bereits genau das tat: Sie saß auf Fannys altem Kinderbett und weinte.

Ungeschickt legte Fanny ihr die Arme um die Schultern. Wie immer war sie überrascht, wie schmal ihre Mutter sich anfühlte.

»Wein doch nicht«, sagte sie versuchsweise, dann »Was ist denn?« und »Was ist denn so schlimm?« – alles Sätze, die sie hunderttausendmal genauso, in demselben Tonfall, von ihrer Mutter gehört hatte.

»Red nicht mit mir wie mit einem Kind«, sagte ihre Mutter barsch und wand sich aus Fannys ungelenker Umarmung. Sie schwiegen.

Fannys Mutter strich den Stoff ihres Kleids zwischen den Knien glatt, immer wieder ließ sie die Hand über den Stoff gleiten. Fanny sah ihr dabei zu. Zum ersten Mal fielen ihr die dunklen Altersflecken auf den Händen ihrer Mutter auf.

»Du und deine Schwester, ihr beide glaubt, dass man auf Probe leben kann«, sagte ihre Mutter schließlich mit zitternder Stimme, »aber es liegt schon so viel Zeit hinter euch. Und die, die ihr noch vor euch habt, nehmt ihr nicht ernst.«

»Und deshalb weinst du?«

»Ach«, sagte ihre Mutter und sah sie böse an, »ihr wisst nichts. Gar nichts wisst ihr. Und du weißt noch weniger als deine Schwester. Was, wenn du später feststellen musst, dass diese Zeit bereits die glücklichste Zeit deines Lebens gewesen ist?« Fanny spürte, wie das Gift, das dieser Satz enthielt, in ihren Körper drang und ihr das Herz lähmte.

»Was glaubst du eigentlich, wie viel Zeit du hast?«, fuhr ihre Mutter fort.

»Zum Heiraten und Kinderkriegen oder was?«, schrie Fanny wütend.

»Nein«, sagte ihre Mutter, und ihre Stimme wurde

ganz dünn wie ein Faden kurz vorm Zerreißen, »zum Glücklichsein«.

»Ich bin glücklich«, sagte Fanny trotzig. Ihre Mutter stand auf, ging zum Fenster und putzte sich die Nase. Ich weiß, was sie meint, dachte Fanny verzweifelt, ich weiß genau, was sie meint. Dann sag mir, wie ich leben soll, bettelte sie stumm, bitte, sag es mir doch.

»Dein Vater hatte vier Jahre lang eine Freundin«, sagte ihre Mutter und sah dabei in den Garten hinaus, in dem ihre Tulpen blühten wie jedes Jahr. »Charlotte hat das immer gewusst. Ich hab sie gebeten, dir nichts davon zu erzählen. Du hast ihn immer so bewundert. Seine Freundin hat sich vor drei Wochen von ihm getrennt. Das macht die Dinge seltsamerweise nicht leichter für mich. Im Gegenteil. Jetzt fühlt er sich alt. Und Altwerden ist …«, sie stockte einen Moment, dann spuckte sie das Wort aus wie einen versalzenen Bissen, »beschissen. Genau das ist es, beschissen.«

Beide schweigen. Fanny starrte auf den Rücken ihrer Mutter. Sie sah den scharfen Strich, den der BH in ihr Fleisch schnitt. Sie wusste, welche Farbe er hatte. Fleischfarben, weil's praktischer ist. Als sich ihre Mutter umwandte, war ihr Gesicht trocken, die Augen nur leicht gerötet. Sie überprüfte mit schnellen Griffen ihre Frisur und lächelte leicht.

»Entschuldige«, sagte sie zu ihrer Tochter. »Es ist alles so albern.« Sie drückte Fanny flüchtig und ging aus dem Zimmer. Fanny setzte sich aufs Bett und versuchte, sich ihren Vater mit einer Geliebten vorzustellen. Es gelang ihr nicht. Stattdessen bekam sie

Angst vor dem Tag, an dem alles verschwunden sein würde, ihr Kinderzimmer, das Haus, ihre Eltern. Sie erinnerte sich, wie sie als kleines Mädchen zum ersten Mal begriffen hatte, dass ihre Eltern irgendwann sterben würden und wie diese Erkenntnis sie getroffen hatte wie ein Stein.

»Alles wird wieder gut«, dieser Satz stimmte also nicht. Es gab etwas, das nicht wieder gut werden konnte, es war eine Lüge, die die Erwachsenen einem ständig beruhigend ins Ohr flüsterten: »Alles wird wieder gut.« Meine Güte, dachte Fanny erschrocken, eigentlich glaube ich das immer noch. Dass alles irgendwann gut wird. Aber was wäre denn gut? Gut für mich? Sie stand auf, trat an das Fenster und zählte die Tulpen im Garten, sieben rote, acht gelbe und fünf rosafarbene. Sie sahen kümmerlich und angefressen aus. Und wenn ihre Mutter Recht hätte? Wenn die glücklichste Zeit ihres Lebens bereits hinter ihr lag? Sie wirft diese Sätze aus wie Angelhaken, dachte Fanny wütend, sie bohren sich ins Gehirn, und man wird sie nicht mehr los. Sie drehte sich um und ging schnell aus dem Zimmer. Als sie in den Flur hinaustrat, war sie überzeugt, Klaus und die hübsche Kellnerin in inniger Umarmung in einer der dunklen Ecken vorzufinden. Als sie sie nirgends sah, öffnete sie mit einem entschlossenen Ruck die Badezimmertür.

Ihre Kusine Lilli stand auf dem Klodeckel und versuchte im Spiegel, ihre rosa Schleife auf dem Po neu zu binden.

»Hey«, sagte sie zu Fanny, »du siehst heute so altmodisch aus.«

»Wie meinst du das?«, fragte Fanny.

»Na ja, irgendwie so wie die andern«, sagte Lilli, sprang vom Klo und lief hinaus. Fanny ging langsam hinter ihr her. Sie stand auf dem Treppenabsatz und sah auf die Hochzeitsgesellschaft hinunter. Klaus stand allein in einer Ecke, die Hände in den Hosentaschen. Ihr Vater tanzte mit ihrer Mutter. Von oben konnte sie einen schmalen grauen Streifen an seinem Haaransatz sehen. Seine Freundin verlässt ihn, und schon hört er auf, sich die Haare zu färben, dachte Fanny. Lange stand sie so da und sah dem Muster der Tanzschritte zu, mit dem ihre Eltern den Boden bedeckten.

GUSTAV SCHWAB

Philemon und Baucis

Auf einem Hügel im Lande Phrygien steht eine tausendjährige Eiche und dicht neben ihr eine Linde von gleichem Alter, beide von einer niedrigen Mauer umgeben. Mancher Kranz ist an den Ästen des nachbarlichen Paares aufgehängt. Nicht weit davon breitet ein sumpfiger See die seichte Flut; wo vordem bewohntes Erdreich war, da flattern jetzt nur Taucher und Fischreiher umher. Einst kam in diese Gegend Vater Zeus mit seinem Sohne Hermes, der nur den Stab, nicht aber den Flügelhut trug. In menschlicher Gestalt wollten sie die Gastlichkeit der Menschen versuchen; darum klopften sie an tausend Türen, um ein Obdach für die Nacht bittend. Aber hart und selbstsüchtig war der Sinn der Bewohner, so dass die Himmlischen nirgends Einlass fanden. Siehe, da stand ein Hüttchen am Ende des Dorfes, niedrig und klein nur, mit Stroh und Sumpfrohr gedeckt; aber im ärmlichen Hause wohnte ein glückliches Paar, der biedre Philemon und Baucis, sein gleichaltriges Weib. Dort hatten sie zusammen die frohe Jugend durchlebt, dort waren sie zu weißhaarigen Alten geworden. Sie machten keinen Hehl aus ihrer Armut, aber leicht ertrugen sie ihr dürftiges Los, heiter und freundlich, in herzlicher Liebe, wenn auch kinderlos, schalteten sie in dem niedrigen Häuschen, das sie allein miteinander bewohnten.

Als nun die hohen Gestalten der beiden Götter diesem ärmlichen Dache sich nahten und die niedere Pforte mit gebücktem Haupte durchschritten, kam ihnen das wackre Paar mit herzlichem Gruße entgegen, der Greis stellte die Sessel zurecht, die Baucis mit grobem Gewebe bedeckte, und bat die Gäste, sich auszuruhen. Das Mütterchen eilte geschäftig zum Herde, stöberte in der lauen Asche nach einem glimmenden Funken, häufte trocknes Holz und Reisig und blies aus dem Qualm mit schwachem Atem die Flamme an. Drauf trug sie gespaltenes Holz herzu und schob es unter den kleinen Kessel, der über dem Feuer hing. Unterdessen hatte Philemon Kohl aus dem wohlbewässerten Gärtchen geholt, den die Alte eifrig entblätterte, hob mit der zweizinkigen Gabel einen geräucherten Schweinsrücken von der rußigen Decke des Gemaches (lange hatten sie ihn zu festlicher Gelegenheit aufgespart) und schnitt ein mäßiges Stück von der Schulter, um es ins siedende Wasser zu werfen. Damit nun aber den Fremdlingen die Weile nicht lange werde, bemühten sie sich, durch harmloses Gespräch sie zu unterhalten. Auch gossen sie Wasser in die hölzerne Wanne, auf dass jene am Fußbad sich erquickten. Freundlich lächelnd nahmen die Götter das liebreich Gebotene an, und während sie die Füße behaglich ins Wasser streckten, richteten die guten Wirte das Ruhebett. Dieses stand inmitten der Stube, mit Teichschilf waren die Polster gestopft, von Weidengeflecht die Füße und das Gestell; aber Philemon brachte Teppiche geschleppt, die sonst nur an festlichen Tagen hervorgeholt wurden – ach, auch sie waren alt und schlecht, und dennoch legten die göttlichen Gäste sich gern darauf, um nun das fertige Mahl zu genießen. Denn jetzt stellte das Mütterchen, geschürzt und mit zitternden Händen, den dreibeinigen Tisch vor das Lager, und da er nicht fest stehen wollte, schob sie dem zu kurzen Fuß eine Scherbe unter; darauf rieb sie die Platte mit frischer Krauseminze und trug die Speisen auf. Da waren Oliven, herbstliche Kornelkirschen, eingemacht in klarem, dicklichtem Safte, auch Rettich, Endivien und trefflicher Käse und Eier, in warmer Asche gesotten. Alles das brachte Baucis auf irdenem Geschirr, und dabei prangte der bunte tönerne Mischkrug und zierliche Becher aus Buchenholz, innen mit gelbem Wachs geglättet. Weder von hohem Alter noch gar zu süß war der Wein, den der redliche Wirt einschenkte. Jetzt aber sandte der Herd die warmen Gerichte, und die Becher wurden zur Seite geschoben, damit es an Platz nicht mangle für den Nachtisch. Nüsse, Feigen und runzlichte Datteln wurden herbeigetragen, auch zwei Körbchen mit Pflaumen und duftenden Äpfeln; selbst Trauben vom purpurnen Weinstock fehlten nicht, und in der Mitte der Tafel prangte eine weißliche Honigscheibe. Die schönste Würze des Mahles aber waren die guten freundlichen Gesichter der wackern Alten, aus denen Freigebigkeit und treuherziger Sinn sprachen.

Während nun alle an Speise und Trank sich labten, bemerkte Philemon, dass der Mischkrug trotz der immer von neuem gefüllten Becher sich nicht leeren wollte und stets der Wein wieder bis zum Rande emporwuchs. Da erkannte er mit Staunen und

Furcht, wen er beherbergte; ängstlich flehte er samt seiner greisen Genossin mit emporgehobenen Armen und demütig gesenkten Augen, dass sie gnädig auf das dürftige Mahl schauten und ob der schlechten Bewirtung nicht zürnten. Ach, was sollen sie nur den himmlischen Gästen bieten? Richtig, da fällt ihnen ein: Draußen im Ställchen ist ja die einzige Gans, die wollen sie sogleich opfern! Beide eilen hinaus, aber die Gans ist schneller als sie; mit Geschrei und flatternden Flügeln entwischt sie den keuchenden Alten und lockt sie bald hier-, bald dorthin. Zuletzt gar rannte sie ins Haus hinein und verkroch sich hinter den Gästen, als ob sie die Unsterblichen um Schutz flehte. Und er ward ihr gewährt; die Gäste wehrten dem Eifer der beiden Alten und sprachen mild lächelnden Mundes also: »Wir sind Götter! Der Menschen Gastlichkeit zu erforschen, stiegen wir nieder zu Erde. Eure Nachbarn fanden wir ruchlos, und sie sollen der Strafe nicht entrinnen. Ihr aber verlasst dieses Haus und folget uns hinauf auf die Höhe des Berges, damit ihr nicht unschuldig mit den Schuldigen leidet.« Die beiden gehorchten; auf Stäbe gestützt, strebten sie mühsam den steilen Berg hinan. Noch einen Pfeilschuss waren sie vom höchsten Gipfel entfernt, da wandten sie ängstlich den Blick und sahen die ganze Flur in einen wogenden See verwandelt, nur einzig ihr Häuschen war von allen Gebäuden noch übrig. Während sie noch staunten und das Schicksal der anderen beweinten, siehe, da ward die alte ärmliche Hütte zum ragenden Tempel; von Säulen getragen, schimmerte das goldne Dach, Marmor deckte den Boden. Und jetzt wandte sich Zeus mit gütigem Antlitz zu den zitternden Alten und sprach: »Saget mir, du redlicher Greis und du, des Redlichen würdige Gattin, was wünschet ihr euch?« Nur wenige Worte wechselte Philemon mit seinem Weibe, dann sprach er: »Eure Priester möchten wir sein! Vergönnet uns, jenes Tempels zu pflegen. Und weil wir so lange in Eintracht miteinander gelebt haben, o so lasset uns beide in *einer* Stunde dahinsterben; dann schau ich niemals das Grab des lieben Weibes, noch muss mich jene bestatten.« Ihr Wunsch ward erfüllt. Sie hüteten beide des Tempels, solange ihnen das Leben gegönnt ward. Und als sie einst, von Alter und Jahren aufgelöst, zusammen vor den heiligen Stufen standen, des wundervollen Geschickes gedenkend, da sah Baucis ihren Philemon und Philemon seine Baucis in grünem Laube verschwinden; schon wuchsen um beider Antlitz schattige Wipfel in die Höhe. »Leb wohl, du Trauter!«, »Leb wohl, du Liebe!«, so sprachen sie beide wechselnd, solang sie noch zu reden vermochten. So endigte das ehrwürdige Paar; er ward zur Eiche, sie zur Linde, und noch im Tode stehen sie traulich zusammen, wie sie im Leben unzertrennlich waren. Fromme sind den Göttern wert; Ehre wird denen zuteil, die Ehre erweisen.

Marlen Haushofer

Die Frau mit den interessanten Träumen

Sie war eine reizende Person, und er war sehr verliebt in sie. Zunächst amüsierte ihn ihre Gewohnheit, ihm jeden Morgen lang und breit ihre Träume zu erzählen, ja, er fand diese Träume sogar höchst bemerkenswert und beinahe so wundervoll wie sie selbst.

Freilich war es ein wenig beängstigend, des Nachts mit dem verzweifelten Schrei geweckt zu werden: »Die Köchin hat das Huhn lebendig gebraten«, oder »Ich habe ein Kind mit sechs Beinen bekommen«. Aber sie war leicht zu beruhigen, ein paar tröstende Worte, ein Kuss, und sie schlief schon wieder, das tränennasse Gesicht an seine Schulter geschmiegt. Er indessen lag stundenlang wach und machte sich mit männlicher Gründlichkeit peinliche Gedanken über das lebendig gebratene Huhn und das Kind mit den sechs Beinen.

Nach einiger Zeit, etwa nach vier Jahren, zogen sie es aus praktischen Gründen vor, getrennt zu schlafen, und die junge Frau musste sich darauf beschränken, ihre Träume im Badezimmer oder beim Frühstückskaffee zum Besten zu geben.

Noch immer waren es sehr bemerkenswerte Träume, aber allmählich begannen sie ihm auf die Nerven zu fallen. Er legte einfach keinen Wert mehr darauf, zu erfahren, dass sie den Briefträger mit der Zunge an die Tür genagelt, oder dem Negus geraten habe, endlich etwas gegen die Rattenplage zu unternehmen. Es war ihm ganz egal, wie der Negus auf diesen Vorschlag reagiert hatte, er wünschte einzig und allein, in Ruhe die Morgenzeitung lesen zu können.

Aber sie kannte keine Gnade, sie nahm ihm die Zeitung aus der Hand, starrte ihn mit glänzenden Augen an und sprach: »Und unter deinem Schreibtisch war eine Armee winziger Männchen ..., wahnsinnig komisch, sag' ich dir.«

Diesen Zustand ertrug er mit wachsender Ungeduld noch ein Jahr lang. Ihre Ehe ließ zu wünschen übrig, er wurde täglich gereizter, und sie fühlte sich unverstanden.

Manchmal schrie er sie an: »Hör auf mit deinen blödsinnigen Träumen, sie interessieren mich nicht.«

Dann schwieg sie bestürzt – zwei ganze Tage – nicht länger, denn sie war keine nachtragende Natur. Am dritten Morgen berichtete sie schon freudig und versöhnt, sie sei splitternackt zur Beichte gegangen. Dann hegte er Scheidungspläne und Selbstmordabsichten.

Als sie ihm aber in einer zärtlichen Stunde gestand, sie habe im Traum einen blonden Backenbart getragen, ungefähr wie Ohm Krüger, stand er wortlos auf und ging ins Kaffeehaus.

Am nächsten Tag erklärte er ihr sehr ernsthaft, er werde sich auf der Stelle scheiden lassen, wenn sie ihn noch einmal mit ihren Träumen belästigen werde.

Sein Ernst machte den größten Eindruck auf sie. Vier Wochen lang war sie scheu, schweigsam und wusste nur vom Wetter oder von den Lebensmittelpreisen zu reden.

Aber schon nach der ersten Woche, die wie eine Befreiung auf ihn gewirkt hatte, begann er sich unsäglich zu langweilen. Das Leben war plötzlich grau und ohne Glanz, nicht einmal der Besuch eines Abenteuerfilms konnte ihn aufmuntern.

Eines Morgens, gerade nach vier Wochen, sah er sie auf dem Rand der Badewanne sitzen und verträumt vor sich hinkichern. Als er sie scharf ansah, errötete sie und stotterte: »Wenn du wüsstest ... nein, nein, ich darf ja nicht ...«

»Einmal ist keinmal«, sagte er gönnerhaft und voll heimlicher Spannung.

»Ich war Hofrat in irgendeinem Ministerium«, erzählte sie voll Eifer, »und da war ein alter Oberst, der immerfort um eine Pension für seinen Hund Bello nachsuchte. Das ganze Ministerium war schon außer sich: Aber schließlich hab ich's doch bewilligt.« Sie wurde plötzlich sehr nachdenklich: »Das Merkwürdige daran ist, dass der Hund 1848 geboren war – so alt kann doch ein Hund gar nicht werden.«

»Kaum«, sagte er kühl, aber dann ging er zu ihr hin und gab ihr einen Kuss, und in den nächsten vier Wochen waren sie sehr glücklich.

Marie Luise Kaschnitz

Philemon und Baucis auf der Alm

Es ist gewiss ein Irrtum zu glauben, dass die überallhin dringenden Verkehrsmittel und der überall hörbare Rundfunk nicht Raum ließen für archaische Lebensformen und Abgeschiedenheit inmitten der Welt. In Süditalien braucht man sich nur ein paar hundert Meter von der Autostraße zu entfernen, und schon fliehen die Mädchen den Fremden mit wilden Sprüngen und entsetztem Gesicht. Philemon und Baucis wohnen in der Alpenhütte fünf Minuten vom Sessellift entfernt. Ein Pfeil mit der Aufschrift »Jausenstation« führte uns im vergangenen Sommer in eine solche Hütte, nachdem wir stundenlang im Gewitterregen im Wald gestanden hatten zwischen großen Lachen, in denen über roten Kiefernnadeln welke Buchenblätter wie blasse Fische schwammen. Der Sturm raste über die abendliche Matte, im Holzhaus brannte das Herdfeuer, Milch wurde aufgesetzt, und während die dünne kleine Frau geschäftig umherging, saß der große alte Bauer ruhig am Tisch. An der Wand hing, von gepressten Wiesenblumen umrahmt, eine Photographie der Kaiserin Elisabeth, zur Erinnerung an einen Sommertag im Jahre 1885, da hatte die schöne Ruhelose auf einer ihrer langen

Wanderungen hier Rast gemacht und Milch getrunken, der Alte war noch dabei. Wir sprachen noch einiges, dass wir am selben Abend von Aussee noch nach Gmunden zurückfahren wollten, schien den Alten ein unbegreifliches Abenteuer, unser deutscher Wohnort war ein ferner, leerer Begriff, jedem Erstaunen entrückt. Der Bauer war nie im Krieg gewesen, die Söhne waren aus dem letzten gesund heimgekehrt, aber ob sie in Russland gekämpft hatten, in Frankreich oder in Italien, wussten die Eltern nicht. Sie hatten ihr Dach ausgebessert und ihr Winterholz schön um die Hütte geschichtet, jetzt warteten sie auf den ersten Schnee und auf die Fremden, die aus dem Tal heraufschweben und denen sie Milch geben werden und Brot. Im Grunde wollten sie nichts anderes mehr wissen, als was sie selbst einander zu sagen hatten, und wenn eines von ihnen aufstand und ein wenig umherging, folgte ihm das andere mit dem Blick. Man konnte ihnen ansehen, dass die Zeit nahe war, wo sie sich in Bäume verwandeln und miteinander sprechen würden, mit dem Rauschen des Regens in den Blättern, mit dem Knarren der Äste, die der Bergwind bewegt.

Ein Jüngling liebt ein Mädchen,
Die hat einen andern erwählt;
Der andre liebt ein andre,
Und hat sich mit dieser ver-
mählt.

Das Mädchen heiratet aus Ärger
Den ersten besten Mann,
Der ihr in den Weg gelaufen;
Der Jüngling ist übel dran.

Es ist eine alte Geschichte,
Doch bleibt sie immer neu;
Und wem sie just passieret,
Dem bricht das Herz entzwei.

Heinrich Heine

Rafael Seligmann

Schalom meine Liebe

David, Sohn des Benjamin! Willst du Rebecca, die Tochter Max Loewensteins, zum Weibe nehmen?«

Liebesheirat oder Vernunftehe? Wurde heute Abend, wie seit Jahrtausenden, wieder ein traditioneller jüdischer Lebensbund zwischen Schönheit, Geld und Klugheit geschlossen? Max Loewenstein war ein einflussreicher Frankfurter Kaufmann. Seine dunkelhaarige Tochter Rebecca war eine aparte Erscheinung. Der Ärztin mit dem markanten Kinn mangelte es nicht an Selbstbewusstsein. Ihr wurde ein Dickschädel nachgesagt. Dies sei der Grund, so böse Zungen, dass Rebecca erst nach dreißig unter die Haube kam. David Katz, der Bräutigam dagegen, galt als Musterknabe. Der Sohn armer Eltern hatte sein Jurastudium in Rekordzeit und mit Prädikatsexamen abgeschlossen. Nun arbeitete er in der Immobilienabteilung eines internationalen Versicherungskonzerns. Alle sagten dem schmächtigen Brillenträger eine steile Karriere voraus.

Die Klatschtanten waren sich in ihrem Urteil ausnahmsweise einig. Wenn es jemandem gelingen konnte, mit der eigenwilligen Rebecca auszukommen, dann nur dem klugen, friedfertigen David Katz. Aber würde sich die reiche Gynäkologin tatsächlich von ihrem Mann etwas sagen lassen? Heiratete sie David aus Liebe, oder war die Angst, am Ende ohne Mann dazustehen, die Triebfeder von Rebeccas Ehe gewesen? Die Hochzeitsgäste hatten Gesprächsstoff.

Die Worte von Rabbi Gimpel ließen das Gerede abrupt verstummen. Abraham Gimpel strahlte Autorität aus. Sein Wort war unter Frankfurts Juden ungeschriebenes Gesetz. Aufrecht stand der Mittsechziger unter der *Chupa*, dem Traubaldachin, der von vier Männern gehalten wurde. Um Gimpel hatte sich eine Art Magnetfeld aufgebaut. Auf seinen Linien waren das Hochzeitspaar und die Brauteltern postiert, vor ihm stand sein Synagogendiener Pinkas Braun. Der Rabbi hob den Blick.

Die Creme der jüdischen Society der Mainmetropole hatte sich im Ballsaal des »Frankfurter Hofs« versammelt. Sie glich einem Bouquet bunter Farben und teurer Düfte. Die Gäste hatten ihr bestes Tuch angelegt. Gewollt gut gelaunt saßen sie an runden, üppig gedeckten Tischen.

Rabbi Gimpel sah David Katz eindringlich an.

»Ja!«, antwortete der Bräutigam fest.

»Und du, Rebecca, Tochter des Max Loewenstein, willst du David Katz zum Ehemann nehmen?«

Die Stille im Saal wurde von Hanna Rosenbaums Stimme zerrissen.

»Du hättest Rebecca heiraten müssen! Dich hat sie geliebt! So ein schejnes Mejdale. So eine gute Partie ...«

Die Nachbarn sahen belustigt zum Tisch der Rosenbaums. Bubbe Hanna, die resolute Großmutter, galt trotz ihrer achtzig Jahre als Herrscherin der Familie. Ihr Sohn Jakob, Kuba gerufen, und dessen Frau Esther-Edith unterwarfen sich dem strengen Regiment der alten Frau.

Kuba Rosenbaum war ein beliebter Mann. In der jüdischen Gemeinde schätzte man seine Intelligenz, seine Feinfühligkeit und seinen hintergründigen Humor. Doch beruflich war Rosenbaum ein Verlierer. Seit Jahrzehnten plackten er und Esther-Edith sich in ihrem »Café Kuba« ab. Dennoch ging es ihnen von Jahr zu Jahr wirtschaftlich schlechter. Kuba und Esther-Edith waren auf die Mithilfe ihrer Kinder Ron und Deborrah angewiesen. Doch Debbi studierte noch, und Ron war schon Ende dreißig, aber es war ihm noch nicht gelungen, sich beruflich zu etablieren. »Er tritt in Kubas Fußstapfen, ein kluger Bursche voller Charme, aber er weiß nicht, wie man sich durchsetzt und Geld macht«, hieß es über ihn.

Auf diesem Fest der Arrivierten waren die Rosenbaums gesellschaftliche Underdogs. Sie wurden nur geladen, weil die Braut darauf bestanden hatte. Ron und Rebecca waren Schulfreunde. Schon im Gymnasium war Rebecca Rons Ausstrahlung erlegen. Die wohlbehütete Tochter aus reichem Haus war fasziniert vom Selbstbewusstsein und Unabhängigkeitsstreben ihres Geliebten. Deutschland galt ihm als »alter Hut«. Seine Zukunft sah er in Israel. »Als Juden gehören wir nach Zion. Alles andere ist Augenwischerei!«, verkündete Ron. Gleich nach dem Abitur wollte er in Jerusalem Archäologie studieren, »um die Wurzeln unseres Volkes zu entdecken«.

Rebeccas theoretische Begeisterung für Rons Zionismus legte sich, sobald sie begriffen hatte, dass der Geliebte, anders als seine Altersgenossen, die eigenen Worte und Ideale ernst nahm. Ron wollte nach Israel auswandern. Rebecca ebenfalls. Aber nicht gleich – und schon gar nicht für immer. Ferien in Zion waren immer ein Erlebnis. Jeden Tag schien die Sonne. Jerusalem war die Wiege des Judentums, und in der quirligen Mittelmeerstadt Tel Aviv amüsierte man sich bestens.

Aber Rebeccas Mischpoche und Freunde lebten nun mal am Main. Ihr Vater spendete viel Geld für wohltätige Zwecke im Heiligen Land. Doch er dachte nicht daran, dort zu leben. Dennoch bezeichnete er sich als Zionist. Das war für Ron pure Heuchelei. »Zionismus heißt Einwanderung nach Israel«, wollte er Loewenstein belehren. Doch der Kaufmann ließ sich nicht provozieren:

»Ich werde nach Israel einwandern.«

»Wann?«, wollte Ron wissen.

»Spätestens, wenn ich gestorben bin. Ich habe mir bereits eine Grabstätte auf dem Herzlberg in Jerusalem gekauft. Bis dahin lass ich's mir in Deutschland gut gehen.«

»Aber ich werde in Israel *leben* – mit Rebecca.«

Loewenstein hatte andere Vorstellungen von der Zukunft seiner einzigen Tochter.

»Wenn du mit diesem Phantasten nach Israel gehst, enterbe ich dich!«, stellte er nüchtern fest. Rebecca tobte, weinte, bettelte und drohte. Ihr Vater blieb hart. Endlich gab Rebecca nach. Sie war zwar in Ron verliebt und das Abenteuer Israel reizte sie – aber nur mit der finanziellen Rückversicherung ihrer Mischpoche in Frankfurt. So versuchte Rebecca, auf Zeit zu spielen. »Nach Israel können wir immer noch – wenn wir das Studium abgeschlossen haben.« Doch Ron war von seinem Entschluss nicht abzubringen. Bereits wenige Tage nach dem Abitur saß er im Flugzeug nach Tel Aviv. Mit leichtem Gepäck, aber voller Pläne.

Ehe Ron nach Israel abhob, verbrachten er und Rebecca ein Wochenende im Taunus. Zum Abschied ging das Paar eine Zwanzig-Jahreswette ein: »Was ist richtig: Idealismus oder Pragmatismus?«

Wie zahllose Rabbiner, Theologen und Philosophen vor ihnen konnten auch Ron und Rebecca diese Lebensfrage nicht lösen. Doch die »Abiturwette« ließ beide nicht mehr los. Jeder wollte dem anderen zeigen, dass er den richtigen Lebensweg gewählt hatte. Aber sie blieben einander verbunden, auch wenn sie räumlich getrennt waren und sich lange Zeit nicht sahen.

Rebecca studierte Medizin in Heidelberg, machte ein ordentliches Examen. Später ließ sie sich in der Münchner Universitätsklinik zur Frauenärztin ausbilden. Am Ende erwarb sie mit der Unterstützung ihres Vaters eine eigene Praxis in ihrer Heimatstadt.

Dem beruflichen Erfolg Rebeccas stand lange ein privates Fiasko gegenüber. Kein Mann konnte es ihr auf Dauer recht machen. Der eine war ihr zu schlaff, der andere zu dominant. Gojim, die Nichtjuden, waren Rebecca zu fremd, jüdische Männer galten ihr als langweilige Muttersöhnchen. Rebecca begriff, dass sie von ihrer Jugendliebe nicht loskam – und daher unbewusst alle Männer mit Ron verglich. Sie beschloss, die Konsequenzen zu ziehen und ihre Liebe endlich auszuleben. Rebecca wollte Ron in Israel überraschen. Sie hatte bereits ihr Flugticket gekauft, da verriet ihr Debbi, dass ihr Bruder in Israel mit einer Frau zusammenlebte und sogar ein Kind hatte. Rebecca beschloss, einen radikalen Schlussstrich zu ziehen – unter Ron und »alle anderen Macker«.

Sie hielt sich an ihr Gelübde – bis ihr David Katz über den Weg lief. Ein Don Juan war er nicht, aber seine Beständigkeit und Liebe gaben Rebecca die Gewissheit zurück, um ihrer selbst begehrt zu werden, die sie zuletzt bei Ron empfunden hatte. Sie wollte Davids Frau werden.

»Ja«, antwortete Rebecca mit fester Stimme auf die Frage des Rabbiners.

Pinkas Braun übergab Rabbi Gimpel den Trauring. Gimpel reichte ihn dem Bräutigam.

»David, stecke deinem zukünftigen Weibe den Ehering an den Zeigefinger der rechten Hand«, sprach der Rabbiner. Rebecca reckte den Finger vor. Der Bräutigam spürte dessen nervöse Kälte, während er ihr den Goldreif überstreifte.

»Hiermit traue ich euch gemäß den Geboten Moses und Israels zu Eheleuten«, deklamierte der Rabbi die uralte Heiratsformel. Das fröhliche Funkeln in seinen

Augen kontrastierte mit seiner getragenen Stimme. Gimpel reichte dem Paar einen silbernen Weinpokal. David nippte daran, dann lüftete er behutsam den Schleier seiner Frau. Rebeccas dunkle Locken quollen hervor.

In früheren Zeiten hätte ich jetzt erstmals die Frau gesehen, die meine Eltern mir bestimmt haben, ging es David durch den Kopf. Er führte den Silberbecher an Rebeccas Lippen.

Unterdessen legte der Synagogendiener ein in Papier gewickeltes Glas zu Davids Füßen. Der Hochzeiter zerstampfte es mit einem kräftigen Tritt. Sogleich fiel Rebecca David um den Hals, umarmte und küsste ihn so leidenschaftlich, dass seine Brille verrutschte. David spürte Rebeccas heiße Zunge, fühlte, wie sie ihren Körper gegen seinen Leib presste. Er hörte die jauchzenden Glückwünsche der Gäste.

»Masl tow!«

»Bis 120 Jahre!«

»Glück und Segen!«

Die Musikband ließ mehrmals einen Tusch erklingen. Das Hochzeitspaar wurde von allen Seiten geherzt und geküsst.

Der Tisch der Rosenbaums war wie durch eine gläserne Pechglocke vom allgemeinen Trubel und der Musik getrennt. Schweigen herrschte in der kleinen Runde. Gewollt amüsiert blickte Ron in die verbiesterten Mienen seiner Mutter Esther-Edith und von Bubbe Hanna. Debbi hielt die Anspannung nicht länger aus. Sie sprang auf. »Lass uns tanzen, Ronni!« Ron zwinkerte ihr aufmunternd zu. Er erhob sich betont langsam, dabei ließ er seine Großmutter nicht aus den

Augen. »Gern, Debbi. Sonst steinigt mich Bubbe Hanna wegen Feigheit vor der Braut.«

»Nein, wegen Dummheit!«

Ron schüttelte den Kopf. Es war sinnlos. Für seine Mischpoche war Geld eine Fata Morgana, wie ein saftiger Knochen für einen armen Köter. Ron und Debbi fädelten sich in die Schar der Tanzenden auf dem Parkett ein.

Ron entspannte sich bei der langweiligen Tanzmusik. Er wollte den Dauerstreit mit seiner Mischpoche vergessen. Bubbe Hanna und seine Mutter würden Ron niemals vergeben, dass er die reiche Maid nicht gefreit hatte.

Nach dem Abitur damals hatte Ron nicht ans Heiraten gedacht. Er wollte zunächst seinen Traum verwirklichen und nach Israel einwandern. Doch in Zion hatte man keinen roten Teppich zu seinem Empfang ausgerollt. Er musste sich in dem rauen Pionierland durchbeißen – das hatte viel Kraft gekostet und Enttäuschungen gebracht. Die Israelis waren die gleichen Egoisten wie die Menschen in Deutschland und woanders. Dennoch liebte Ron das Land. Er kam von Israel und seinen Menschen nicht los. Aber er war an Israel gescheitert. Es war ihm nie gelungen, sich von Deutschland zu lösen. Ron war Frankfurter. Die Mainmetropole war seine Heimat. Hier lebte seine Mischpoche. Er brauchte und liebte seine Familie – auch seine Großmutter Hanna.

Am nächsten stand Ron seine jüngere Schwester Deborrah, in deren Armen er sich zum Takt der Musik wiegte. Debbi schien in vielem das Gegenstück zu Ron. Diszipliniert, zielstrebig und besonnen. Dazu kam ein ausgeprägtes Verantwortungsgefühl. Ron vertraute ihr vorbehaltlos. Debbi kannte seine Geheimnisse und Schwächen.

Mitten im Tanz brach die Band ihr Spiel ab, ließ einen Tusch erklingen. Die Saalbeleuchtung wurde greller. Der Conférencier sprang auf die Bühne, ergriff das Mikrophon und rief: »Jetzt wird's heiß, Herrschaften!« Seine Stimme schwoll an: »Hora.«

Die Stakkatoklänge des Liedes »Hawa Nagila«, »Auf, lasst uns fröhlich sein«, setzten ein. Die Tanzpaare lösten sich voneinander und bildeten zwei weite Kreise, die sich in gegenläufiger Richtung zu drehen begannen. Mit zunehmendem Tempo der Musik kreisten die Tanzenden immer schneller. Bald gaben die Ersten erschöpft auf, andere reihten sich an ihrer Stelle in den Reigen ein. Im äußeren Kreis tanzten Rebecca und David Katz. Das frisch getraute Paar hielt sich an schweißnassen Händen fest und versuchte, mit dem steigenden Tanztempo mitzuhalten.

Ron sah dem kreisenden Menschenrad zu. Die einfache, aber mitreißende Musik fuhr ihm ins Blut, verdrängte seine Sorgen und seine Nachdenklichkeit. Unwillkürlich klatschte Ron den Takt der Melodie. Mit jedem Handschlag pumpte er sich ein Stück neue Lebensfreude ins Gemüt. Schließlich hielt es ihn nicht länger im Abseits. Er lief los und reihte sich zwischen das Brautpaar ein.

Rebeccas Augen strahlten, sobald sie Ron neben sich sah und seinen trockenen festen Händedruck spürte.

»Du bist mir noch den Brautkuss schuldig, Ronni!« Rebeccas Lippen öffneten sich herausfordernd.

Ron lächelte hintergründig – wie immer, wenn er etwas Meschuggenes ausheckte. Er löste sich aus dem Kreis der Tanzenden und zog dabei Rebecca mit sich fort. Sie folgte ihm bereitwillig, ohne sich um ihren verdutzten Ehemann zu kümmern. Am Rande des Parketts nahm Ron Rebeccas Gesicht zwischen seine Hände und küsste sie lange zärtlich auf den Mund. Sie wollte ihn spontan umarmen.

Da wurde sich Rebecca der aberwitzigen Situation bewusst. Vor wenigen Minuten habe ich geheiratet, und schon knutsche ich mit meinem früheren Lover! Was wird meine Mischpoche, was wird David von mir denken?! Rebeccas Arme verharrten inmitten der Bewegung.

Derweil drehten sich die Tanzzirkel im Musikreigen weiter. Davids Blick suchte und fand seine Frau. Sie küsste Ron. Freunde hatten ihn gewarnt, Rebecca würde nie von diesem Schürzenjäger loskommen. Doch David hatte ihr vertraut. Und nun machte sie – vor aller Augen – mit dem Kerl herum. David wurde von seinen wirbelnden Nachbarn mitgerissen. Als sein Kreis eine weitere Runde gedreht hatte, klebte Rebecca immer noch an diesem Burschen. David wollte sich freimachen. Doch seine Reigennachbarn hielten seine Hände mit festem Griff umklammert.

Endlich lösten Ron und Rebecca ihre Lippen voneinander. Ihr Herz pochte – vom Tanzen? Vom Küssen? Vor Angst? »Küssen kannst du jedenfalls noch«, entfuhr es ihr. Sie zwang sich zur Ruhe.

»Denkst du noch an unsere Abiturwette, Ronni?«

»Klar! Und du? Hat dich dein Realismus glücklich gemacht?« Ron sah sie eindringlich an. »Bist du glücklich, Rebecca?«

»Ich glaube ...«

Ron registrierte ihr kurzes Zögern.

»Jetzt darfst du nicht mehr glauben. Jetzt musst du wissen!«

»Unsere Glückswette ist erst in einem Vierteljahr fällig ...« Ron ergriff Rebeccas Schultern. Er drückte ihr einen Kuss auf die Stirn. »Werde noch schneller glücklich, Becci«, flüsterte er.

Da schrillte es in seinem Jackett. Ron tänzelte davon. Er zog das Handy aus der Tasche. Die Musik war so laut, dass er kein Wort verstand. Ron drückte sich in eine Nische, presste den Apparat ans Ohr.

»Veranstaltest du ein Wunschkonzert?«

Ingrid!

»So ist es! Ich soll Dieter Thomas Heck ablösen ...«

»Nein! Mich in der Küche! Sonst blas ich dir den Marsch!«

Trotz des allgemeinen Lärms war ihre Verärgerung unüberhörbar.

»Ich tu, was ich kann«, krähte Ron ins Handy.

»Nein, was du willst.«

Es klickte. Ingrid hatte aufgelegt.

Ron hielt kurz inne. Dann schlenderte er zurück an den Tisch seiner Familie. Seine Mutter und Bubbe Hanna sprachen noch immer über Geld. Was die Hochzeit gekostet haben mochte, die Geschenke, das Brautkleid und die Garderoben der Gäste.

Ron gähnte vernehmlich und blickte demonstrativ auf seine Uhr.

»Schon so spät ...«

»Ja! Gerade 8 Uhr!«, fuhr Esther-Edith ihren Sohn an.

»Kannst du nicht einen Abend mit deiner Mischpoche zusammen sein? Musst du ständig zu dieser Schickse rennen?« Wie immer, wenn er dieses Schimpfwort vernahm, geriet Ron in Zorn. Der Puls hämmerte in seinen Schläfen. Schickse! Der jiddische Ausdruck für eine Nichtjüdin bedeutete Unreine. Eine Schickse war also nicht gut genug für einen jüdischen Mann. Aber wir Juden beklagen uns über Antisemitismus, pflegte Ron zu wettern, wenn das Wort fiel. Auch heute wollte er seine Mutter zurechtweisen. Gerade Esther-Edith hatte allen Grund, den Mund zu halten. Aber Ron sah, wie sein Vater erschrak. Ron liebte Kuba. Er machte sich Sorgen um seinen Vater. Kuba war wegen einer Herzerkrankung in ärztlicher Behandlung. Ron wollte Kuba Ärger ersparen – soweit er konnte. Daher versagte er sich einen Zank mit seiner Mutter. Er knipste ein Lächeln auf seine Züge, tätschelte Esther-Ediths Schulter und meinte mit mildem Ton. »Schickse? Meinst du damit Ingrid oder dich?«

Ehe die Mutter antworten konnte, winkte Ron seiner Mischpoche zu, machte auf dem Absatz kehrt und stürmte davon.

Ron und Ingrid wünschten sich eine schlichte Hochzeit. Doch Hanna und Esther-Edith bestanden auf einem großen Fest. Ron fand das lächerlich.

»Zur großen Sause fehlt uns das Geld. Wir können uns weder den ›Frankfurter Hof‹ leisten noch unsere Gäste mit opulentem Essen oder fetzigen Musikbands verwöhnen.« Dies musste selbst die geltungssüchtige Hanna einsehen. Also einigte man sich auf eine bescheidene Feier mit wenigen guten Freunden. Doch je näher die Hochzeit rückte, desto länger wurde die Reihe der Gäste, denn die Rosenbaums wollten niemanden beleidigen. Neben den Herzfelds und Moritz Landauer bat Kuba auch seine Freunde und Kollegen aus der Gemeinde zum Fest, allen voran Alfred Meyer und Elvira Kobold. Ron lud Rebecca und David Katz sowie ihre Eltern ein. Die gojische Fraktion wurde durch Charly Becker und die Kollegen aus der Firma vertreten. Ingrid und Esther-Edith luden ihre Angehörigen ein, und schließlich wollte Debbi ihre Freunde um sich haben. Im Nu kam ein halbes Hundert Hochzeitsgäste zusammen.

Das waren zu wenig Menschen für den Gemeindesaal, aber zu viele für das Hinterzimmer einer Gaststube. Die Mischpoche überlegte hin und her. Schließlich machte Benni einen Vorschlag, der allgemeine Zustimmung fand:

»Heiratet doch in unserem ›Café Kuba‹.« Das Lokal wurde für einen Abend zum Hochzeitssaal umfunktioniert. Moritz Landauer, Alfred Meyer, David Katz und Charly Becker hielten den Traubaldachin, unter dem Ron und Ruth-Ingrid getraut wurden. Danach zertrampelte Ron das Glücksglas, und Rabbi Engel hielt eine kurze Ansprache. Dabei stellte er Ruth-Ingrid in den Mittelpunkt seiner Rede. Er schrieb sich das »bescheidene Verdienst« zu, gemeinsam mit der Braut deren Namen ausgewählt zu haben.

»Ruth! Ruth war eine Moabiterin, keine Jüdin – zunächst. Sie war ihrem Mann eine treue Gefährtin. Als er starb, bestand sie darauf, ihrer Schwiegermutter Naomi in deren Heimat Juda zu folgen. *Wo du hingehst, dahin werde ich dir folgen. Dein Weg ist mein Weg, dein Land ist mein Land und dein Volk ist mein Volk,* erklärte Ruth kategorisch.

Im Lande Juda, nahe der Stadt Betlehem, verheiratete Naomi ihre Schwiegertochter mit dem Hebräer Boas. Ruth war ihrem neuen Mann ein gutes Weib. Der Herr belohnte Ruth für ihre Treue und segnete sie. Ruth und Boas begründeten ein Geschlecht. Ruth gebar Kinder, unter deren Nachkommen David und Salomon waren, die bedeutendsten Könige der Juden.

Auch Ruth-Ingrid hat zu unserem Volk gefunden. Sie steht ihrem Mann Ron und seinem Sohn Benjamin in unverbrüchlicher Liebe und Treue zur Seite. Ruth-Ingrid ist eine Bereicherung für unser Volk – wie ihre Namensgeberin einst. Ich bin mir gewiss, dass der Ewige Ruth-Ingrid und ihrer Familie seinen Segen nicht vorenthalten wird.«

Rabbi Engel wandte sich an Ron und seine Mischpoche. Er deutete an, dass er von Rons unstetem Vorleben wusste und über die Feindseligkeit der Rosenbaums gegen Ruth-Ingrid unterrichtet war. Er verdammte diese Haltung. »Öffnet Eure Herzen!«, forderte der Rabbiner die Rosenbaums auf. »Preiset Euch glücklich über Eure neue Tochter und erweist ihr Respekt! Helft ihr, und sie wird Euch helfen, gemäß Gottes Weg zu leben und Eure Nachkommen aufzuziehen.«

Nachdem Ron seiner Frau den Wein gereicht, ihr

den Ring auf den rechten Zeigefinger gesteckt und sie umarmt hatte, trat Hanna zu Ingrid.

»Sei willkommen in unserer Familie, meine Tochter. Verzeih mir, verzeih uns unsere Engstirnigkeit.« Ruth-Ingrid und Hanna hatten Tränen in den Augen, als sie sich umarmten. Dann spendete die Alte Ingrid ihren Segen:

»Möge dich der Ewige segnen und beschirmen auf all deinen Wegen und bei all deinen Taten.«

Als Nächstes wollte Kuba seine Schwiegertochter küssen, doch er ließ seiner Frau den Vortritt. Esther-Edith drückte Ruth-Ingrid die Hand, zunächst ohne sie anzusehen, dann zwang sie sich, Ingrid in die Augen zu blicken.

»Sie können mich wahrscheinlich nicht verstehen«, meinte sie rau. »Doch«, antwortete Ruth-Ingrid. »Doch.« Sie hatte viel auf dem Herzen, das sie Rons Mutter zu sagen hatte, aber sie wollte ihren Hochzeitstag freudig begehen.

»Doch!«, wiederholte Ingrid erneut und drückte Esther-Ediths Hand. Esther-Edith klammerte sich an ihr fest. Ingrid empfand zunächst Widerwillen. Rons Mutter hatte ihr viel Schmerz zugefügt. Doch sie erinnerte sich auch, wohin Rabbi Gad Engel sie immer wieder geführt hatte. Ruth-Ingrid umarmte ihre Schwiegermutter. Damit brach sie den Damm aufgestauter Ängste. Esther-Edith weinte hemmungslos. Kuba nahm seine Frau zärtlich in die Arme und beruhigte sie.

Derweil setzte Musik ein. Charly Becker hatte seine Profi-HiFi-Anlage installiert. Gemeinsam mit Debbi machte er den DJ. Der Tanzreigen wurde von Ruth-

Ingrid eröffnet. Zum Partner wählte sie zur allgemeinen Überraschung und Heiterkeit jedoch nicht Ron, sondern ihren »Schadchen« Benni. Ehe Ingrid später in die Arme Rons wechselte, umarmte sie Benni und drückte ihm einen schmatzenden Kuss auf die Wange. Die Umstehenden applaudierten. Benni lief dunkelrot an.

Als Charly kurz darauf den Donau-Walzer von Johann Strauß und andere Walzer auflegte, schwangen fast alle das Tanzbein. Ron nötigte Bubbe Hanna zum Tanz. Die Großmutter hatte den Dreivierteltakt noch in den Beinen und eine erstaunliche Kondition. Charly Becker amüsierte sich mit Debbi. Alfred Meyer bat Elvira Kobold galant um einen Tanz. Dabei konnte er sich nicht verkneifen, sich nach ihrem Hochzeitsgeschenk zu erkundigen.

»Wir haben den Rosenbaums einen Scheck überreicht«, antwortete sie.

»In welcher Höhe?«

»Großzügig.« Elvira Kobold übte sich in Diplomatie.

Doch Alfred Meyer ließ nicht locker: »Wie großzügig?«

»Sehr.«

»Ich bin neugierig, was Sie unter ›sehr großzügig‹ verstehen, verehrte Frau Kobold.«

Die Penetranz und die unterschwellige Infragestellung ihrer Freigebigkeit ärgerte die Tänzerin. So verdoppelte sie die Summe ihrer Zuwendung. Elvira Kobold würde Ron einen zweiten Scheck überreichen.

»Zweitausend Mark«, meinte sie leichthin. Alfred Meyer war überrascht. Er hatte die Zuwendung seiner Lieblingsfeindin auf tausend Mark taxiert und daher einen Scheck über zehntausend Mark ausgestellt. Meyer wollte Kubas Sohn zehnmal so viel schenken als die Klugschwätzerin. Also musste er nachlegen. »Zweitausend Mark.« Der Tänzer lächelt so fein es ihm möglich war. »Das ist in der Tat großzügig, jedenfalls für Sie. Ich habe mir erlaubt, dem Sohn meines Freundes Kuba ein für meine Verhältnisse bescheidenes Präsent zu überreichen«, zufrieden beobachtete er Kobolds Gesicht, »... zwanzigtausend Mark«. Damit war der Tanz beendet.

Kurz darauf erhielt Kuba zwei weitere Kuverts.

Ron war außer Atem. Nach Bubbe Hanna, Ingrid und seiner Mutter hatte er mit fast allen anwesenden Frauen getanzt. Allein Debbi lag ständig in den Armen von Charly Becker, oder sie scherzte mit ihm am DJ-Set. Ron wollte seine Schwester später damit aufziehen. Im Moment brauchte er jedoch eine Pause. Er nahm Ingrid an die Hand und führte sie an einen freien Tisch. Ron lehnte sich zurück und trank ein kühles Bier. Da tippten ihm feine Finger auf die Schulter. Er fuhr herum. Es war seine Schulfreundin Rebecca. »Na, Ronni? Wie steht's mit unserer Abi-Wette? Du weißt es noch.«

Ron nickte.

»... was macht glücklich, Realismus oder Idealismus?«

Ron stellte sein Bier ab. Dabei dachte er einen Moment nach. »Der richtige Mix, Becci. Ich glaube, das Glück ist wie ein guter Cocktail.« Ron blickte zu Ingrid. Sie sah ihn strahlend an. Sein Herz ging auf. »Es kommt auf die Glücksmischung an.«

Rebecca folgte Rons Blick. »Zumindest die richtige

Frau hast du gefunden, Masl tow!« Rebecca drückte Ingrids Hand. Doch die Glücksfrage ließ sie nicht los. Rebecca setzte sich zu Ron. »Was ist aus deinen idealistischen Träumen geworden, Ronni? Aus der Einwanderung nach Israel, dem Wunsch, Archäologe und später Pilot zu werden? Bescheidest du dich nicht mit dem kleinen, privaten Glück?«

»Ich weiß nicht, ob man Glück messen kann. Ist ein Pilot größer oder besser oder glücklicher als ein Kellner oder ein PR-Fritze? Ich weiß nur, dass ich ein lausiger Pilot war und auch zum Israeli wenig getaugt habe. Aber hier in Frankfurt mache ich mein Heimspiel. Ich habe Freude an meinem Job und bin glücklich mit meiner Frau und meinem Kind.« Ron legte seinen Arm um Rebecca. »Genau wie du. Ob unser Glück klein oder groß ist, sollte uns egal sein. Hauptsache es ist gut, Masl tow eben.«

Ron und Ingrid feierten mit ihren Familien und Freunden bis ins Morgengrauen.

Amelie Fried

Sex? Kostet Zeit und macht nur Ärger

Nirgends wird so viel gelogen wie im Bett.

Lüge Nummer eins: »Das ist mir noch nie passiert.« Lüge Nummer zwei: »Das macht doch nichts.« Lüge Nummer drei: »Ich habe Kopfschmerzen.« Es folgen unendliche Variationen zum Thema, die alle das Ziel haben, den Partner nicht zu kränken. Und meist das Gegenteil erreichen.

Der sensibelste Punkt der Männer ist ihre Potenz; bei Frauen die ewige Frage, ob sie körperlich attraktiv sind. Und Sex rührt ständig an diese Wunden. Wenn er stattfindet. Noch mehr aber, wenn er nicht stattfindet. Weil uns überall eingeredet wird, ein glücklicher und erfolgreicher Mensch sei nur, wer ein glückliches und erfolgreiches Sexualleben vorzuweisen habe. Da kann die natürlichste Sache der Welt leicht zum Stress werden.

Anfangs scheint alles ganz einfach. Man lernt sich kennen, verliebt sich, die Hormone geraten in Aufruhr, man will nur eins: zusammen sein, so nah wie möglich, so oft wie möglich. Wenn alles gut geht, folgt eine Zeit der schieren Seligkeit; die Männer fühlen sich potent, die Frauen attraktiv, der aufregende Sex der Anfangszeit ist die Erfüllung all unserer Sehnsüchte – ach, was kann das Leben schön sein.

Erfahrungsgemäß hält dieser Zustand aber nur eine begrenzte Zeit an. Irgendwann lässt der Thrill nach; die Aufregung weicht im besten Fall der Vertrautheit, im häufigeren Fall der Langeweile. Die Sache wird nicht gerade einfacher, wenn man sich entschlossen hat, eine Familie zu gründen. Babys sind der Sexkiller Nummer eins. Sie rauben uns den Nachtschlaf, saugen uns aus, erfordern unsere ganze Kraft und Zuwendung. Und dann war's das mit der Leidenschaft, für eine ganze Weile zumindest. Die Männer sind beleidigt und eifersüchtig, die Frauen überanstrengt und genervt – wohl dem, der diese Phase übersteht!

Leider hat sich die Natur ein paar Gemeinheiten ausgedacht, die zwar ihrem Fortbestand, nicht aber dem Klima innerhalb von Beziehungen zuträglich sind. Nachdem sie Kinder bekommen haben, lässt nämlich bei den meisten Frauen die Lust auf Sex ziemlich nach. Das hat natürlich den Sinn, die Brutpflege zu sichern, dient also dem Wohle des Nachwuchses. Der Sexualtrieb der Männer bleibt aber unverändert, was zu Dauerkonflikten in der Beziehung und nicht selten zur Aufnahme außerehelicher Beziehungen seitens des Mannes führt. Das wiederum entspricht dem Auftrag der Natur, der schlicht lautet: Fortpflanzen! Je mehr Sex ein Mann hat, desto höher ist die Wahrscheinlichkeit, dass er Nachwuchs zeugt – ganz im Sinne der Evolution.

Die meisten Beziehungen ähneln in Sachen Sex ab einem gewissen Zeitpunkt den Beitrittsverhandlungen zur EU: Die einen wollen so viel wie möglich haben, die anderen so wenig wie möglich geben. Natürlich gibt niemand zu, dass sein Schlafzimmer viel häufiger Schauplatz zermürbender Gespräche über Sex ist, als der Ausübung desselben.

Am zweitmeisten wird gelogen, wenn es darum geht, das eigene Liebesleben nach außen darzustellen. Selbst gute Freunde oder Freundinnen belügen uns, wenn es um die Anzahl der Sexpartner geht, über die Qualität des Sex und über seine Frequenz. Jeder ist bestrebt, sich als attraktiver und erfolgreicher Liebhaber darzustellen, denn Probleme mit der Lust sind peinlich.

Ich würde tippen, ein Großteil der Beziehungen, die scheitern, scheitern am Sex.

Sex ist viel mehr als Fortpflanzung und Triebabfuhr; er ist Selbstbestätigung, Liebesbeweis, Machtinstrument, Druckmittel. Nüchtern betrachtet kostet er eine Menge Zeit und verursacht oft ziemlichen Ärger. Und viel zu selten ist er einfach nur das, was jeder sich wünscht: der körperliche Ausdruck der Liebe.

Aber was eine Beziehung zusammenhält, ist in den meisten Fällen eben nicht Sex, sondern Liebe. Wer das eine mit dem anderen verwechselt, hat bald ein Problem.

Vielleicht wäre es das Vernünftigste, den besten Freund oder die beste Freundin zu heiraten. Dann lebt man mit jemandem zusammen, den man wirklich mag, und auf den man sich verlassen kann. Das Thema Sex bleibt außen vor, und kann deshalb nicht zum Problem werden. Die Kinder leben in stabilen Verhältnissen und müssen nicht ständig fürchten, die Eltern könnten sich trennen, weil sie keinen Spaß mehr im Bett miteinander haben. Keiner ist eifersüchtig, wenn man sich verliebt. Und man könnte immer wieder das wunderbare Verliebtsein des Anfangs erleben, das ja bekanntlich ohnehin nicht von Dauer ist ...

Wolfdietrich Schnurre

Die Muse

Du arbeitest noch?«

»Du weißt, du kannst mich jederzeit stören.«

»Stören.«

»Verzeih: Unterbrechen.«

»Ich setz mich einen Augenblick.«

»Der Sessel steht nur da für dich.«

»Wenn du mir vorliest. Wenn ich dir zuhöre. Aber wenn ich hier einfach so reinkomme? Obendrein auch noch nachts?«

»Auch dann. Immer.«

»›Immer‹« nimm lieber zurück.«

»Ein Phänomen, Ruth: Nur gedachte Worte sind löschbar.«

»Du musst es wissen.«

»Ich weiß *nichts*. Würde ich sonst schreiben?«

»Du schreibst, um zu erfahren, ich weiß. Ein intuitiver Vorgang.«

»Leere Blätter suggerieren mir Neugier. Das ist mein ganzes Geheimnis.«

»Wie unkompliziert du doch bist.«

»Vergiss nicht: Schlichten Formeln laufen verschrobene Denkprozesse voraus.«

»Der volle Papierkorb, natürlich. Ein Jammer, dass

du mir verboten hast, beim täglichen Verbrennungsfest ein bisschen in diesen geschändeten Unschuldseiten zu blättern. Manchmal denke ich, dass man einen Schriftsteller aus seinem Schreibabfall besser kennen lernt als aus seinen Büchern.«

»Was fraglos richtig ist. Aber gedanklicher Exhibitionismus macht nur in aufgetakeltem Zustand Spaß. In der Intimsphäre seines Papierkorbs strampelt der Schriftsteller nackt. Gott schütze ihn da vor Ehefrauen und Germanisten.«

»Apropos. Das Mädel hat mir gefallen.«

»Welches Mädel.«

»Diese Germanistin. Die ihre Doktorarbeit über dich schreibt.«

»Sie kennt jede meiner Figuren.«

»Und hat auch selber eine recht hübsche.«

»Du hättest teilnehmen sollen an unserem Gespräch. Sie ist eine ungemein kluge und einfühlsame Person.«

»Ja, einfühlsam ist sie.«

»Lieb, wie höflich du bist.«

»Hab sie nachher beim Einkauf getroffen. Wir haben uns fabelhaft unterhalten.«

»Ach.«

»Sie sagt, es wäre gar nicht so einfach, dir literarisch auf die Schliche zu kommen.

»Da siehst du's. Ich hoffe, du hast das wenigstens pro forma bestätigt.«

»Ich bin wieder auf mein Lieblingsthema gekommen: auf den vollen Papierkorb. Sie sagt, am liebsten würde sie mich bestechen.«

»Nur, *sie* meint meine Arbeitsmethode, und *du* hoffst, mich aufs Kreuz legen zu können.«

»Ich bin keine Ringerin, Heinz. Mich würde lediglich interessieren, wie du so deinen Arbeitstag rumbringst.«

»Du wärst ziemlich enttäuscht. Ich fange nämlich immer unglaublich kitschig und gefühlsbetont an und mausere mich erst im Laufe des Tages zu jener intellektuellen Schreibe, die das kühle Charisma meiner Dichtungen ausmacht. Gut?«

»Merkwürdig, dass dich Selbstironie immer anstrengt. Übrigens, komisch: Dein Arbeitszimmer ist mir der liebste Raum im Haus.«

»Das liegt an den Büchern.«

»Das liegt an dir. Du steckst hier in allem. Man fühlt dich. Man riecht dich.«

»Kein großes Verdienst für einen Pfeifenraucher, ein Zimmer wie das hier mit Atmosphäre zu füllen.«

»Eine Zeit lang hab ich sogar deinen Tabak und deine Pfeifensammlung geliebt.«

»Und ich die Falte, die mein alter Pullover zwischen deinen Schulterblättern warf.«

»Immerhin erinnern wir uns.«

»Das Leben mit dir ist schön. Ich denke gerne zurück.«

»Ob du es glaubst oder nicht: Ich könnte hier zum Heimchen werden. Rücken an Rücken mit all diesen Büchern in *deinem* Rücken drei Dutzend Eierwärmer häkeln oder so was.

»Die sicherste Art, mich lahm zu legen.«

»Ich weiß. Und doch haben wir so angefangen.«

»Mit Eierwärmern?«

»Eineiig, ja. Du schriebst, ich las. Im gleichen Raum.«

»Wenn du nicht zu Hause bist, fang ich an, fahrig

zu werden im Schreiben. Also, wo hat sich da was geändert inzwischen?«

»Zugegeben, du brauchst mich.«

»Das Umgekehrte gilt nicht?«

»Rate mal, warum ich hier sitze.«

»Ich mein nicht jetzt. Ich mein überhaupt.«

»Du hast ein feines Gehör. Schade nur, dass die Schreibmaschine immer so klappert.«

»Ehrlich, Ruth: Es bedeutet dir keine Genugtuung, dass ich nicht schreiben kann ohne dich? Dass ich dich auch *da* nötig habe? *Gerade* da?«

»Du liest mir vor. Ich hör dir zu. Wovon leitest du da den Verdacht auf Genugtuung ab?«

»Ich bitte dich um Kritik. Du nimmst Einfluss auf das, was ich mache. Du hilfst mir, Fakten zu sammeln. Du holst mich zurück, wenn ich Höhenflüge riskiere. Ist das denn nichts?«

»Das ist mehr, als dir gut tut. Und ich bade es dann ja auch rechtschaffen aus.«

»Was du ausbadest, ist dein eigenes Versäumnis. So lang wie wir verheiratet sind, sag ich: Lies meine Bücher mal, Ruth.«

»Nehme ich Anteil am jeweiligen Manuskript oder nicht.«

»Dass ich dir täglich draus vorlese, besagt doch in Bezug aufs Ganze noch nichts. Du kriegst Bruchstücke mit. Du hast bestenfalls ein Mosaik im Kopf. Aber was weißt du von der Grundkonzeption, vom Aufbau, der Gliederung, vom Handlungsbogen, vom Plott? Nichts.«

»Ich wär vielleicht unbefangener, wenn ich nicht wüsste: Jedes dieser Bücher hat mich zwei Jahre gekostet.«

»Na, mich vielleicht nicht?«

»Ist das ein Trost?«

»Manche Kollegen benötigen fünf Jahre für einen Roman.«

»So sehen ihre Gattinnen dann ja auch aus.«

»Worauf willst du raus.«

»Auf einen dezenten Protest.«

»Gehn wir vom Sachverhalt aus.«

»Gern. Du verschleißt mich, Heinz.«

»Nicht eine etwas starke Behauptung?«

»Wenn du damit auf meinen Zustand anspielst: Eher schlapp.«

»Und wenn du den zugegeben unhöflichen Akt puren Älterwerdens mit meinem Zwang zum Schreiben verwechselst?«

»Ich werde gern älter. Und ich halte Schreiben für eine faszinierende Sache.«

»Dann versteh ich dich anscheinend nicht ganz.«

»Geh mal von der Ruhe aus, die du zum Schreiben benötigst. Wo kommt die her?«

»Na, die ist da. Die leisten wir uns.«

»Die produziere ich dir.«

»Doch eine schöne Aufgabe, nein –?«

»Zerlegen wir sie. Wie kommt sie zustande.«

»Dadurch, dass du das Privileg genießt, deinen Mann den ganzen Tag im Hause zu haben. Unsere Ehe *ist* noch eine. Wir sind ständig zusammen.«

»Ich darf teilnehmen an deiner Arbeit; ja. Ich darf dein Wochenpensum obendrein sogar tippen. Nicht nur das. Auch deine Korrespondenz hast du mir vertrauensvoll überlassen. Vom täglichen Versand deiner Feuilletons und Kurzmanuskripte zu schweigen. Und ich darf auch die Anrufer, die Besucher abwimmeln.

Lauter Privilegien, stimmt. Besonders wenn du sie in Relation zum Haushalt setzt, den ich ja nebenher auch noch besorge.«

»Du bist undankbar. Und unsre Frühstücksgespräche? Gelten die überhaupt nicht mehr plötzlich?«

»Richtig. Du unterhältst dich ja beim Frühstück auch noch über das voraussichtliche Tagespensum mit mir.«

»Also. Bezieh ich dich ein oder nicht.«

»Doch: Du ziehst mich mit rein. Aus meiner zunehmenden Substanzlosigkeit wächst dir, wie die wackren Germanisten alten Schlages das nennen, genau *die* Schaffensruhe zu, die du brauchst.«

»Und wem sind folgerichtig alle meine Bücher gewidmet?«

»Mir; deiner Muse.«

»Aber Ruth –: Kann man mehr verlangen?«

»Man kann.«

»Aber was soll ich denn ändern? Ich brauche zwölf Arbeitsstunden, um drei Romanseiten fertig zu kriegen. Du sagst es selber: Der Papierkorb ist voll jeden Tag. Und mein Schädel ist's auch. Er platzt von den Figuren, mit denen ich mich auseinander setzen muss, fast aus den Nähten. Ich kann nicht schlafen deshalb. Ich habe kaum die Geduld, mich zu rasieren, zu waschen vorm Frühstück. Und frühstücken wir endlich, na, worüber muss ich da dann wohl reden? –: Über das Buch.«

»Was ist dagegen zu sagen? Du könntest vierzehn Stunden arbeiten am Tag, das Frühstück unrasiert in der Küche erledigen. Das ist es doch nicht.«

»Aber ich versteh dich doch richtig –: Du fühlst dich überfahren von mir.«

»Überfahren ginge ja noch. Da steht man auf hinterher und erledigt. Das kennt man ja aus der Liebe. Nein, ich fühle mich ausgebeutet von dir.«

»Das seh ich: Ich, der sensible, der reißende Vampir, ich saug dir dein Blut aus. Doch ich weiß, was du meinst: Du musst geben, doch du kriegst nichts zurück. Du musst kritisieren, doch du wirst nicht gelten gelassen. Du musst zuhören, ohne selber einen Zuhörer zu haben.«

»Du näherst dich den Außenbezirken der ausgestorbenen Stadt, von der ich manchmal jetzt träume.«

»Für innere Leere ist man immer selber verantwortlich, Ruth. Doch eine alte Geschichte.«

»Ja, wirklich? Und warum hast du dann diese Evakuierung gefordert?«

»Wie –: Ich versteh dich nicht ganz.«

»Du schreibst über Menschen. Aber wenn sie realiter auftauchen, stören sie dich. Also: Verzicht auf Besuch; die Arbeit geht vor. Du machst Bücher. Aber Bücher zu lesen lenkt dich nur ab. Also lese *ich* sie für dich. Also übernimmst du meine Meinung. Also diskutierst du nach deinen phänomenalen Dichterlesungen die Werke deiner Kollegen nach dem Geschmack deiner Frau.«

»Und all das füllt dich nicht aus?!«

Stefan Heym

Eijze vom lieben Gott

Was ist das Wichtigste im Leben, fragt mein Weib.

Nu was? sag ich.

Das Wichtigste, sagt sie, sind die Beziehungen welche du hast mit den Menschen. Und besonders mit mir.

Da hast du Recht, sag ich, wie immer.

Und immer verdirbst du dir deine Beziehungen mit den Menschen, und besonders mit mir, und dann hast du ein schlechtes Leben. Und wer hat die Schuld?

Nu wer? sag ich.

Du selbst, sagt sie. Wer sonst?

Und ich seh was sie meint und ich sag aber ich will doch immer das Gute und dann geht es schief und was ich soll machen bitteschön dass ich rauskomm aus diesem Dilemma und sie soll mir geben eine von ihren berühmten Eijzes*.

Doch mein Weib sagt, Hörst du vielleicht wenn ich dir sag was du tun sollst wo du glaubst du bist selber so weise und ein so großer Chochem** und kennst das Leben. Geh denk dir aus deine eignen Eijzes oder hol sie dir von jemand anders.

Und ich hab mich hingesetzt und nachgedacht wen ich kann fragen um Rat in meinem Dilemma, und ich hab durchgecheckt in meinem Kopf den Rabbi und ob er vielleicht tun wird ein Wunder für mich, und den Dr. Süssmilch welcher schon hat herumgespielt zwei- oder dreimal mit meiner Seele und meinem Gemüt, und die alte Frau Cohn in der Langen Gasse welche den Kräutertee kocht der so gut ist für meine Gedärme, und noch ein paar Schreiber und Professoren und solche Leute, aber alle haben sie gehabt ihre Mängel, und wie ich noch so hab gesessen und nachgedacht ist mir gekommen die Idee dass ich mich vielleicht wenden könnt auch gleich an die Quelle von allen Weisheiten, und hab meine Hände verschränkt und gekuckt direkt nach oben, und hab gesagt, Lieber Gott, ich will dir nicht reinreden in dein Geschäft aber ich steck in diesem Dilemma und vielleicht kannst du mir geben eine Eijze. Die andern, an welche ich mich hinwenden könnte um Rat haben alle gehabt ihre Mängel, welches kommt daher dass sie denken mehr an sich selber wie an mich und haben nicht die Beziehungen zu mir welche man braucht um zu verstehen mein Dilemma, und nur du bleibst mir, lieber Gott, mir zu geben eine Eijze und mir herauszuhelfen aus meinem Dilemma.

Und wie ich noch dasitz und kuck nach oben und denk, wird er mir antworten, der liebe Gott, hör ich auf einmal ein Säuseln in den Lüften wie Flügelschläge von einem bunten Schmetterling und auf einmal wird mir so wohl ums Herz und ich hör wie der liebe Gott mich fragt ob ich ihm vielleicht könnt das Dilemma näher beschreiben welches mich plagt.

Mein Weib sagt, sag ich dem lieben Gott, dass ich mir meine Beziehungen zu den Menschen immer verderb und zu ihr und dann hab ich ein schlechtes

Leben, und, sagt sie, es ist alles meine eigene Schuld; dabei will ich doch immer das Gute, lieber Gott, sag ich, und trotzdem missglückt mir's; immer versuch ich, die Menschen zu verstehen, und besonders mein Weib, und zu tun, was ich glaub, dass sie erwarten von mir, denn ich will ja, dass ich geliebt werd von ihnen; aber immer passiert was, wie wenn die Küche nach Hering riecht, nachdem ich die Teller hab abgewaschen und Messer und Gabeln, oder wenn ich mein Weib, mein einziges, den ganzen Tag getröstet hab, nachdem sie ihre Handtasche hat liegen lassen in der Nachtbar mit all ihren Papieren drin und Westgeld dazu, aber den Anrufbeantworter nicht abgehört hab dann zu Haus, auf welchem die Barfrau hat angerufen und gesagt, dass sie die Tasche gefunden hat und diese aufbewahrt für mein Weib im Safe von der Nachtbar, und wer ist am Ende schuld, nicht mein Weib, welche hat liegen lassen ihre Tasche, sondern ich, weil ich vergessen hab, abzuhören den Anrufbeantworter.

Und das ist alles, mein Sohn? Fragt der liebe Gott.

Nein, sag ich, leider nicht. Es vergeht nicht ein Tag, an welchem mir nicht was danebengerät wenn ich was red oder was tu, obwohl ich mich doch so gemüht hab ein so ein Guter zu sein, aber wenn ich anfangen wollt, lieber Gott, dir zu erzählen eins nach dem andern wär ich nicht fertig bis morgen früh, denn ich müsst zurückgehen Jahr um Jahr, bis wo wir gefahren sind damals nach Griechenland auf die Einladung von dem Herrn griechischen Botschafter in Berlin und sind bewirtet worden in einer schönen Villa am Strand von Attika, ich und mein Weib, und wo ich auch immer nur gehabt hab die besten Absichten mit was ich gesagt hab und getan und am Schluss doch dagestanden bin vor dem Herrn griechischen Botschafter wie ein Tolpatsch welcher nicht weiß sich zu benehmen.

Ich seh schon, sagt da der liebe Gott, du bist ein Problemfall.

Ich sag dir, lieber Gott, sag ich, es hat nicht gegeben einen solchen Problemfall seit du getestet hast deinen Knecht Hiob. Aber du siehst, lieber Gott, sag ich, ich hab Vertrauen zu dir wie Hiob auch hat gehabt seinerzeit, nur vielleicht kannst du mir geben eine bessere Eijze als du hast gegeben dem Hiob, damit mir nicht alles immer danebengerät mit den Menschen und besonders mit meinem Weibe?

Dann ist alles still eine Weile, und nichts ist zu hören vom lieben Gott, und ich denk mir, vielleicht sitzt er da oben, der liebe Gott, und klärt und denkt nach. Doch dann hör ich wieder das Säuseln in den Lüften, wie Flügelschläge von einem bunten Schmetterling, und mir wird wieder so wohl ums Herz, und ich hör wie der liebe Gott sich räuspert und sagt, Ich werd dir geben eine Eijze, mein Sohn, welche besser ist als ich gegeben hab meinem Knecht Hiob. Vielleicht wenn du aufhören tätst, immer nur alles gut und richtig machen zu wollen und in bester Absicht für die Menschen und für dein Weib, und tätst nicht mehr so eifrig herumwackeln mit deinem Steiß, immer muss alles gleich organisiert sein, und würdest lieber den Geist ein bissel entspannen mit welchem ich ausgestattet hab deinen Kopf, und würdest nicht immer versuchen den Menschen alles zuliebe zu tun sondern gäbst ihnen die Chance dir was zuliebe zu tun und tätest ein bissel warten bis dein Weib von selber zu dir kommt mit ihren Worten und ihren Vorschlägen, und dann erst wirst du aktiv und machst, aber auch nicht immer genau was dein Weib dir gesagt hat, sondern gerade soviel dass sie weiß du hast auf sie gehört, dann könnt's vielleicht besser werden und nicht immer würde dir alles danebengeraten, nur noch hier und da.

Und dann war er weg, der liebe Gott, bevor ich konnt sagen, Dankeschön, lieber Gott, für die Eijze, und ihm versichern, dass ich in der Zukunft mich würd richten danach, und ich hab mich umgedreht zu meinem Weib und hab ihr gesagt, dass alles würd besser werden mit mir in der Zukunft denn ich hätt meine Eijze bekommen von wo ist der Quell aller Weisheiten und dem Ursprung aller Chochmes*** und sie fragt, Von wem, bitte genau? Aber ich denk mir so genau werd ich ihr's lieber doch nicht sagen, ein Weib muss auch nicht immer alles wissen.

*	Eijze	Ratschlag
**	Chochem	ein Weiser, manchmal auch mit ironischem Ton
***	Chochmes	Weisheiten

Marlen Haushofer

$(a+b) \cdot (a-b) = a^2 - b^2$
Ein gemütlicher Abend zu Hause

Wie schön ist es, mit einem Mann von vielseitigen Interessen verheiratet zu sein! Das sagte sie sich immer wieder, wenn sie sah, dass er Bücher über die alten Häretiker las, Schachprobleme studierte oder stundenlang, mit gerunzelter Stirn, Landkarten betrachtete.

Um die Wahrheit zu sagen, manchmal machte sie dieser Anblick ganz kribbelig. Wenigstens ab und zu eine Antwort auf ihre Fragen zu bekommen erforderte ungeheure Anstrengungen. Wenn sie Glück hatte, erwärmte er sich für die Kunst der Babylonier oder fing an, Portugiesisch zu lernen. Dann lauschte sie hingerissen seinem Vortrag oder hörte ihn fremdartig klingende Vokabeln ab. Das waren ihre besten Zeiten, und sie fühlte sich nicht aus seinem Leben ausgeschlossen. Wenn ihn aber musikalische Raserei überkam, drückte sie sich möglichst wenig vorwurfsvoll aus dem Zimmer, denn sie war so unzulänglich geschaffen, dass sie Musik nur zehn Minuten lang ertragen konnte.

Man muss zugeben, dass er vier-, fünfmal im Jahr – von heimlicher Reue getrieben – den Versuch unternahm, sie ein wenig zu bilden, auf dass sie hinterher darüber debattieren könnten. Diese Versuche verliefen manchmal glücklich, leider nicht immer.

Heute hatte es gleich nicht sehr gut angefangen. Seit einer Stunde blätterte er in einem Buch über Mathematik, leichtfasslich dargestellt für Leute, die gerade die vier Grundrechnungsarten beherrschen. Innerlich stellte sie schon die Haare auf, denn sie war bei der Matura in Mathematik nur mit Hilfe nachbarlicher Schwindelzettel durchgekommen. Niemand hat es gern, an derart unrühmliche Vorkommnisse erinnert zu werden. Aber bestrebt, in Harmonie zu leben, zauderte sie kaum und schnitt auch keine Gesichter, als er sprach: »Nimm einen Bleistift und ein Stück Papier, wir wollen einmal etwas Lustiges versuchen.« Sie setzte die Miene auf, die ihr von allen ihr zu Gebot stehenden Mienen am intelligentesten erschien, und wartete.

»Schreib mit«, sagte er. »$(a + b) \cdot (a + b) = ?$«

Sie schrieb schon eifrig: »$= a^2 + 2ab + b^2$.« – Aus der Dämmerung vergangener Zeiten flogen ihr die Formeln wieder zu. »$(a - b) \cdot (a - b)$ $a^2 - 2ab + b^2$.«

»Und $(a + b) \cdot (a - b) = ?$« An dieser Stelle lächelte er ein bisschen satanisch, aber sie frohlockte und schrieb, ohne viel nachzudenken: »$a^2 - b^2$.«

»Na, das geht ja noch ganz gut«, sagte er. »Diese kleine Auffrischung war nämlich wichtig für das, was jetzt kommt. Du musst jetzt scharf mitdenken: Nimm eine Zahl unter zehn, multipliziere die größere Nachbarzahl mit der kleineren Nachbarzahl, addiere zum Produkt 1. Aber das brauchst du ja nicht aufzuschreiben, das kannst du doch im Kopf rechnen.«

»Entschuldige«, sagte sie nervös, »bei mir geht gar

nichts im Kopf«, und sie kritzelte ihre schiefen Zahlen aufs Papier.

»Bist du fertig?«, seufzte er.

»Jawohl.«

»Und was kommt heraus?«

»Fünfundzwanzig.«

»Dann hast du dir die Zahl fünf gedacht.«

Sie war beeindruckt. Nicht ganz so beeindruckt, wie sie zu sein vorgab, aber doch ganz schön. Sie mochte es, wenn – wie jetzt – in seiner Stimme ein Schnurren mitklang, das an einen zufriedenen Kater erinnerte.

»Noch einmal!«, sagte er eifrig.

Sie tat ihm den Gefallen und geriet noch dreimal in Entzücken über seine richtigen Lösungen.

Hier unterlief ihr ein Fehler. Sie hätte natürlich fragen müssen: »Wie bist du nur dahinter gekommen?« Aber eigentlich wollte sie das gar nicht wissen. Es war viel netter, anzunehmen, ihr Mann besitze übernatürliche Fähigkeiten. So musste er sie selber auf diese Frage bringen.

»Jetzt schreib' einmal das alles als Gleichung an: $(a + 1) \cdot (a - 1) = a^2 - 1$. Addiert man 1 dazu, ergibt sich a^2. Durch Wurzelziehen aus der bekannt gegebenen Zahl erhält man die gedachte Zahl. – Lustig, nicht?«

»Sehr«, sagte sie. Und nach einigem Zögern: »Aber wozu kann man das eigentlich brauchen?«

Am liebsten hätte sie sich selber auf den Mund geschlagen. Das hatte jener kleine weibliche Teufel aus ihr gefragt. Sie konnte nie genug auf ihn aufpassen. Sie schämte sich so sichtlich, dass ihr Mann seinen Ärger unterdrückte und nur sagte: »Du siehst wohl selber ein, dass dies eine sehr dumme Frage war.

Gehen wir also weiter: Man nehme eine Zahl unter zehn, multipliziere mit drei, addiere drei dazu, und so weiter und so weiter ...«

Während sie eifrig schrieb, verfiel sie einer unheilvollen Spaltung. Ein Teil ihres Hirns rechnete, der andere fragte sich boshaft: »Und ich möchte doch wissen, wozu das gut sein soll.« Da sie, wie viele mit geistig interessierten Männern verheiratete Frauen, an derart schizophrene Erscheinungen gewöhnt war, rechnete sie klaglos eine halbe Stunde, ohne allzu sehr von jenen ketzerischen Gedanken gestört zu werden.

Schließlich aber verlor sie den Faden und vernahm – jetzt wieder in ungeteiltem Zustand – das ominöse Wort »Infinitesimalrechnung« und rief erschrocken: »Halt, was ist denn das schon wieder?«

»Nur das gute alte Integral«, beruhigte er sie. »Ich hoffe, du weißt noch, was das ist.«

Sie grübelte. Irgendwann vor zwanzig Jahren hatte man sie damit gepeinigt. Sie erinnerte sich, damals immer wieder von einer Stunde auf die andere vergessen zu haben, was ein Integral ist. Vermutlich das Werk jenes kleinen Teufels, der schon immer unterirdisch gegen die Mathematik gehetzt hatte. Freilich, damals, als unschuldiges Geschöpf von siebzehn Jahren, hatte sie noch nicht gewusst, von einem derartigen Dämon besessen zu sein, und hatte ihr jeweiliges Versagen der schlichten Dummheit zugeschrieben.

»Irgendwie«, sagte sie zaghaft, »scheint es mit Hyperbeln und Parabeln zu tun zu haben.«

Noch immer geduldig, fing er an, das Integral zu erklären, während sie sich in Erinnerungen an ganz gräuliche Schularbeiten verlor. Sie war sonst nicht schwer von Begriff, warum ihr ausgerechnet die

Mathematik Schwierigkeiten machte, war nicht einzusehen.

Sie nagte gerade an diesem Rätsel, als das Wort »Einstein« fiel. Gott weiß, auf welchen Umwegen er jetzt bei Einstein angelangt war. Jedenfalls las er ihr aus dem dicken Buch einen Absatz vor über die statische Physik des Altertums und die dynamische Physik der neuen Zeit. Es war angenehm, seiner Stimme zu lauschen, außerdem hatte sie eine Schwäche für den alten Einstein, weil sein Bild sie immer an ein sehr liebes hasenartiges Wesen erinnerte. Dies war entschieden ein unwissenschaftlicher Gedanke, und sie bemühte sich, ihn zu verscheuchen.

Dann passierte ihr wieder etwas sehr Dummes. Hingerissen von der Vorstellung der Pyramiden, rief sie aus: »Wenn man bedenkt, wie die gebaut haben, ich glaub', der Architekt Loidl brächte das nie fertig.«

Beinahe hätte sie die gefährliche Grenze überschritten. Ihr Mann stockte, warf den Bleistift auf die Tischplatte und schrie: »Ja, glaubst du denn, die Ägypter haben nicht gerechnet? So was Blödes, nein, das ist zu viel! Da schau her, du Dummkopf!«

Sie beugte sich erschrocken über das Buch, und da standen vor einer Pyramide zwei ägyptische Herren und hatten einen Grundriss in den Sand gekratzt und Formeln darunter gezeichnet. Mitten in den Wüstensand. »Nein!«, rief sie. »Wie unpraktisch! Der Wind wird das sofort wieder zuwehen.«

Er starrte sie an. Vielleicht glich er noch immer einem großen Kater, aber einem gereizten, der im Handumdrehen zum Tiger werden konnte. Es war ein reines Wunder, dass er sich beherrschte und weiterlas. Aber jetzt war sie schon ein bisschen müde, und ihre

Gedanken schweiften immer wieder ab zu den alten Ägyptern. Wie traurig, dass die auch schon Formeln und Rechnungen benützt hatten. Etwas vom geheimen Glanz ihrer Bauten schien erloschen zu sein.

Inzwischen war er endgültig bei Einstein hängen geblieben und stellte eine neue Frage: »Wenn ein Zug mit hundert Kilometer Stundengeschwindigkeit fährt, und du läufst von einem Ende des Zuges zum anderen mit zehn Kilometern in der Stunde – bist du dann schneller als der Zug oder nicht?«

Sie überlegte fieberhaft. Nur nicht wieder etwas Dummes sagen!

»Ich bin schneller«, sagte sie.

»Wieso?«, wollte er wissen.

»Na ja, weil es doch klar ist, dass ich nicht schneller sein kann als der Zug. Folglich muss die Antwort sein, ich bin schneller als der Zug, sonst hättest du ja gar nicht diese Frage gestellt.«

Dies verwirrte ihn sichtlich. »Willst du mich foppen?«, fragte er misstrauisch.

Unbegreiflich, wie schwerfällig dieser gescheite Mann sein konnte. Bei der Bestimmung von Verwandtschaftsgraden innerhalb der Familie benahm er sich oft geradezu schwachsinnig.

»Erklär es mir schon«, sagte sie erschöpft.

Und er zeichnete liebevoll einen hübschen kleinen Zug aufs Papier, und darin einen Mann, der vom Ende des Zuges zur Lokomotive rannte. »Siehst du«, sagte er, »natürlich ist der Mann um zehn Kilometer in der Stunde schneller als der Zug.«

»Aber er kommt doch gleichzeitig mit dem Zug an. Wenn hinten der Ausstieg ist, muss er sogar zurückrennen und kommt später an als der Zug.«

Diesmal war er nicht zornig, sondern traurig. Das war sehr schlimm für sie. »Und das hat also Einstein erfunden?«, versuchte sie einzulenken.

Sein Gesicht nahm einen tragischen Ausdruck an. »Deinetwegen hätte er sich wirklich nicht bemühen müssen.«

»Er war eben ein Genie«, versuchte sie ihn zu trösten, »und ein Genie kümmert sich nicht darum, ob man es versteht.« Und dann spürte sie den kleinen Teufel in sich lachen, und ehe sie die Hand vor den Mund halten konnte, sagte sie schon: »Da wird der Lokomotivführer gelacht haben, wie der alte Einstein im Zug hin- und hergerannt ist.«

Er klappte das Buch zu und sagte: »Du bist ein hoffnungsloser Fall.«

Der kleine Teufel zog sich enttäuscht zurück, und sie sah voll Reue das Gesicht ihres Mannes – ein verlorenes, einsames Gesicht.

»Es war trotzdem eine sehr schöne Geschichte«, flüsterte sie, den Tränen nahe. »Vielleicht werd' ich es doch mit der Zeit begreifen, wenn du dir Mühe gibst.«

Wunderbarerweise erholte er sich auf der Stelle. »Wenn du willst«, sagte er, »erklär ich dir jetzt, wie diese Zuggeschichte mit den Raketen zusammenhängt. Es wird für dich schwierig sein, aber du kannst ja immer wieder fragen. – Also pass gut auf ...«

»Recht geschieht dir«, kicherte der kleine Teufel und rollte sich in ihrem Kopf zu einer Kugel ein, während sie mit aufgerissenen Augen und halb geöffneten Lippen den Worten ihres Mannes lauschte.

Oskar Maria Graf

Die Heirat

An einem kalten Tag, nach dem Mittagessen, machte sich der Maxl auf den Weg nach Aufhausen. Schon als er beim Heimrath zur Kuchltüre hineinkam, merkte er, dass sich die Bäuerin zu seinen Gunsten entschlossen hatte; trotzdem war er erstaunt, denn einen solchen, fast freundschaftlichen Empfang hatte er nicht erwartet.

»Hock dich nur hin! Gleich kriegst du deinen Kaffee«, sagte die Heimrathin nach dem üblichen Gruß und stellte einen Teller voll Schmalznudeln auf den Tisch. Und gleich nachdem sie erzählt hatte, dass der Pfarrer die Heirat mit der Resl befürwortet habe, erklärte sie sachlich, was ihre Tochter in die Ehe mitbekomme: dreitausend Gulden, ein einjähriges Kalb und einen schönen »Kuchlwagen«. So nämlich wurde der festlich geschmückte Wagen mit der Aussteuer der Braut genannt, der am Hochzeitstag zum Haus des zukünftigen Ehemannes gefahren wurde. Während dieser Fahrt versperrten in einem fort Leute dem Wagen den Weg und gaben ihn erst frei, wenn etliche Geldstücke »gespendet« wurden.

»Ist's dir recht so? Bist du zufrieden damit?«, fragte die Heimrathin, und der Maxl, der nur schwer seine jäh aufquellende Freude verbergen konnte, antwortete glücklich nickend: »Freilich, Heimrathin! Das ist ja hochnobel! Das ist mir ja mehr als genug.« Die Bäuerin war zufrieden.

»So, da hast du jetzt deinen Kaffee! Am Samstag oder in der nächsten Woche, sagte der hochwürdige Herr Pfarrer, könnt' ihr zum Stuhlfest kommen«, meinte sie, stellte die dampfende Kaffeeschüssel hin, legte einen schwarz geränderten, blechernen Suppenlöffel dazu, humpelte zur Türe und sagte wiederum: »Ich hol' derweil die Resl!« Daraufhin ließ sie den Maxl allein. Der war so verwirrt, dass ihm nichts schmeckte. Um aber nur ja die Bäuerin nicht zu verstimmen, nahm er die Schüssel in beide Hände und wollte sie auf einmal austrinken. Der Kaffee jedoch war viel zu heiß. Der Maxl verbrannte sich Zunge und Gaumen, spuckte die braune Brühe hastig aus, stellte die schwankende Schüssel auf die besudelte escherne Tischplatte und wischte mit dem Schnupftuch die entstandenen Flecken von seinem guten Gewand und vom Tisch. Zitternd griff er nach einer Schmalznudel und würgte sie appetitlos in sich hinein.

»Resl! Resl!«, hörte er die Bäuerin draußen schreien und führte, jedes Mal vorsichtig pustend, einen Löffel voll Kornkaffee nach dem anderen zum Munde. Ganz heiß wurde ihm dabei.

»Stuhlfest, hm! Schnell geht das!«, brummte er dazwischen einmal halblaut. Als Stuhlfest bezeichnete man die übliche Belehrung, die der Geistliche einige Wochen vor der kirchlichen Ankündigung der Hochzeit den Brautleuten im Pfarrhaus gab. Sie galten nach dem Stuhlfest vor allen Leuten als Verlobte.

»Soll er schon reden! Ist ja sein Geschäft!«, murmelte der Maxl abermals. Was brauchte er eine solche Belehrung. Er war Manns genug, um selber zu wissen, was seine Pflichten als Ehemann waren. Gewiss, er achtete die Gepflogenheiten des Glaubens, aber er nahm sie nicht ganz ernst. Einen Herrgott gab es sicher, indessen der hatte doch alle diese umständlichen Regeln nicht erfunden und angeordnet.

Der Maxl schob die leere Schüssel weg, als jetzt im Gang draußen Stimmen vernehmbar wurden. Gespannt sah er zur Türe, und er fühlte, wie sein Herz ein wenig heftiger schlug.

»Grüß dich Gott, Resl«, sagte er lächelnd, als diese mit ihrer Mutter hereinkam, erhob sich, ging auf sie zu und drückte ihr die Hand.

»Jaja, grüß Gott«, antwortete die Resl ebenso und hatte ein seltsam vieldeutiges Gesicht. Auch sie lächelte und meinte leichthin: »Du Tropf, du ... ganz hinterlistig hast du's gemacht, das mit der Heiraterei!«

Die Heimrathin, die offenbar eine so unverblüffbare Nüchternheit von ihrer Tochter nicht erwartet hatte, bekam fast eine ärgerliche Miene und befahl, sich zu setzen.

»Also, wie ich schon gesagt hab', Maxl«, fing sie an, zählte wiederum auf, was die Resl mitbekomme, erwähnte das Stuhlfest und kündigte an, dass sie mit ihrer Tochter im Laufe der nächsten Woche zu Besuch ins Bäckerhaus nach Berg komme. Die Resl sagte nichts. Ihr Lächeln wurde langsam verlegen und gefror schließlich. Nur noch manchmal lugte sie dem Maxl in die Augen, dann wieder schlug sie die ihrigen nieder, und man merkte, dass sie sich jetzt erst klar darüber zu werden schien, was ihr bevorstand. Zuletzt hatte sie ein fast hilflos trauriges Gesicht, und um nur irgendwie ihre innere Bewegtheit zu verbergen, drückte sie ein um das andere Mal ihren breiten Zeigefinger auf die Brösel, die von der aufgegessenen Nudel auf dem Tisch liegen geblieben waren, führte die Fingerspitzen zum Munde und leckte sie ab. Auch der Maxl, der sich fortwährend bemühte, eine unangefochtene Miene zu machen, war etwas verlegen und ließ die Heimrathin reden.

»Und wann willst du denn heiraten? Entweder wir setzen die Hochzeit im November an oder nach Neujahr. In der Adventszeit kann man sie nicht machen. Solang es Winter ist, haben wir am besten Zeit. Im Frühjahr, wenn die Arbeit wieder angeht, wär' so was recht ungeschickt für uns«, erklärte die Bäuerin und sah den Maxl an.

»Jaja, mir ist's recht, wie du meinst, Heimrathin«, sagte er nickend und wandte sich an die Resl: »Was sagst denn du dazu, Resl?«

»Ja, hm, mein Gott, wenn's sein muss, mir ist's doch gleich«, erwiderte diese aus einem bedrängenden Nachdenken heraus.

»Ja, Herrgott, heiraten tust doch du!«, murrte die Bäuerin sie an, »du hockst doch auf einmal da, als wenn du gar nicht magst!« Barsch klangen die Worte.

»Jaja! Ich hab' doch gar nichts dagegen! Ich will ja Bäckerin von Berg werden, Mutter!«, sagte die Resl verborgen kummervoll, wurde aber dann wieder sachlich und setzte dazu: »Im Winter haben wir freilich am meisten Zeit, und bei dir ist doch da die Arbeit auch weniger, Maxl, oder?« Jetzt verfingen sich die Blicke der beiden. Der Maxl gab sich einen Ruck und streichelte mit der Hand über Resls glatt zurückgekämmtes Haar.

»Ja, Resei!«, sagte er aufgelockert und ein wenig zärtlich und streckte ihr die Hand hin: »Also schlag ein! Sagen wir – im November! Ich versprech' dir, als Bäckerin von Berg hast du es nicht schlecht.« Sie gab ihm die Hand. Flughaft wurde sie rot, dann blass.

»Gut, also jetzt ist alles ausgemacht«, schloss die Heimrathin. Herzlich verabschiedete sich der Maxl von den beiden. Als er außer Sichtweite war, sah die Bäuerin ihre unschlüssig dastehende Tochter ungut und strafend an und brummte: »Du hast ja dagehockt wie ein Hackstock! Was ist denn auf einmal mit dir? ... Reut dich denn auf einmal alles?«

»Gar nicht, Mutter«, antwortete die Resl und blickte ihr in die Augen, »aber das ist doch nicht so einfach, von daheim fortmüssen in ein fremdes Haus voller Geschwister ... Hart werden wir's haben, der Maxl und ich, bis alle weggeheiratet haben. Gegen den Maxl hab' ich gar nichts, absolut nichts! Er ist mir ganz recht.« Dann ging sie wieder in die Tenne hinauf zum Dreschen.

Der Maxl erzählte nur seiner Mutter von seinem Besuch in Aufhausen und meinte, es sei am besten, schnell zu heiraten, denn wenn erst die Kathl ihr Kind geboren habe, könnten sich die Heimraths doch »schrecken« und sich im letzten Augenblick noch eines anderen besinnen. Sein Gesicht war keineswegs so wie das eines glücklichen Liebhabers, im Gegenteil, es war unruhig besorgt wie das eines Menschen, auf den auf einmal viel eingestürmt ist, und der nun gewissermaßen nach allen Seiten denkt.

»Bauen muss ich, geht's, wie es mag, Mutter! Gleich nach der Hochzeit muss ich anfangen, da hilft mir alles nichts!«, sagte er und wartete die Antwort der bekümmert dreinschauenden Stellmacherin nicht ab. Er ging aus der Stube, besah sich jeden Raum des Hauses, landete schließlich auf dem kleinen Hof hinter der Backofenmauer, wo die Holzhütte stand. Zwischen ihr und dem schmalen Gässlein, das am Stall vorüber- und zum Dorf hinausführte, erhob sich das unbeachtete, zerfallene Gemäuer des ehemaligen Back- und Waschhäuschens der Stellmacherleute, in welchem Maxls seliger Vater auch die rohen Stangen für seine Rechen und Heugabeln unterzubringen pflegte. Der Maxl verharrte lange vor diesem Häuschen und überlegte hin und her. Er merkte nicht, wie ihn langsam zu frieren begann und die Nase tropfte. Er schnäuzte sich endlich, schnupfte und ging wieder zurück ins Haus.

In den darauf folgenden Tagen suchte er etliche Male den Baumeister Fischhaber in Starnberg auf und kam auch einmal mit ihm daher. Der Fischhaber stach mitunter in das morsche Gemäuer, und der Mörtel fiel zerstiebend zur Erde herab. »Hmhm, ist kein Schuss Pulver mehr wert, die Kalupp'n. Hm, das ausbauen? Ich weiß nicht recht«, sagte der Fischhaber und zuckte die Achseln.

»Aber der Grundriss! Da ist doch was zu machen!«, hielt ihm der Maxl entgegen. Das musste auch der Baumeister zugeben. Endlich einigten sie sich, dass jeder eine Planskizze anfertige. Mit wahrer Leidenschaft zeichnete der Maxl nun jeden Tag auf große weiße Papierbogen Raumeinteilungen, maß sie ab und rechnete, ganz in sich versunken. Mitunter sah ihn die Stellmacherin an, als sei er nicht mehr ganz bei Verstande, und schüttelte mürrisch den Kopf, denn der Maxl gab ihr kaum Antwort auf ihre Fragen und wurde sogar heftig, wenn man ihn störte.

Die Stellmacherin fing indessen an, die Böden aller Kammern zu scheuern, sie wusch den ganzen Tag und brachte das Haus in Ordnung. Die Heimraths sollten ihr nicht nachsagen können, dass sie etwas vernachlässige. Dadurch erfuhren Kathl, Lorenz und der Schmalzer-Franz und der Geselle schließlich doch von der baldigen Hochzeit. Seltsamerweise aber sprach niemand darüber mit dem Maxl, und der schien ganz froh zu sein, in Ruhe gelassen zu werden. Er ging auch richtig eines Tages zum Stuhlfest mit der Resl. Die hatte sich allem Anschein nach mittlerweile an den Gedanken, Maxls Weib zu werden, gewöhnt und wurde recht lustig, als sie nachher beim Klostermaier etliche Halbe Bier tranken. Sie lachte viel über das Gespött des Wirtes, der ihr immer wieder entgegenhielt, ob er jetzt Recht gehabt habe mit seiner damaligen Prophezeiung, dass sie ausgezeichnet zum Maxl passe und eine gute Bäckerin abgebe?

»Jaja! Ihr habt ja alle zusammengeholfen, dass es was wird!«, sagte sie heiter, »zum Weibsbilderfang, da seid ihr immer aufgelegt, Malefizlumpen, elendige!«

»Aber ein Paar gibt das, Resl! Großartig! Und eine Hochzeit muss das werden, Maxl, die muss sich sehen lassen können!«, rief der Wirt ebenso und musterte die zwei wohlgefällig.

Am dritten Tag darauf kam der Klostermaier nach Berg ins Bäckerhaus und sagte zum Maxl: »Du, hm ... der alte Kastenjakl gefällt mir gar nicht mehr! Er liegt schon die ganze Woche. Zuerst haben wir gemeint, er spinnt wieder einmal, aber jetzt hab' ich zum Doktor nach Wolfratshausen geschickt ... Ich glaub' es geht aufs End' zu mit dem alten Mann, Maxl!«

Das bestürzte den Maxl nicht wenig. Morgen sollten die Heimraths kommen. Am nächsten Sonntag verkündete der Pfarrer zum ersten Mal die bevorstehende Hochzeit, die kurz nach der Novembermitte stattfinden sollte. Starb der Kastenjakl wirklich inzwischen, so musste alles wenigstens auf einige Monate verlegt werden. Bis dahin konnte vielleicht schon das Kind der Kathl geboren sein.

Am liebsten hätte der Maxl erregt zu poltern angefangen, aber er hielt sich zurück, murrte nur missmutig in sich hinein und fuhr mit dem Klostermaier nach Aufkirchen. Als sie in der Wirtsstube der Postwirtschaft ankamen, standen alle um den Wolfratshausener Doktor und hatten ernste Gesichter.

»Er braucht mich nicht mehr ... Er hat schon ausgelebt«, sagte der Doktor zum Klostermaier.

»Was-was? Gestorben?«, entfuhr es dem Maxl, und er machte große Augen. Die Stubentür ging auf und der Pfarrer rief nüchtern herein: »Die Leiche kann fürs Begräbnis hergerichtet werden.«

»Gelobt sei Jesus Christus!«, murmelte die Klostermaierin und bekreuzigte sich. Alle taten dasselbe.

»In Ewigkeit, Amen!«, dankte der Geistliche ebenso. Die Tür war wieder zugefallen, und draußen vor den Fenstern sah man den altersschwachen grauhaarigen Pfarrer über den Platz gehen.

»Ja, dann bin ich auch fertig!«, meinte der Doktor, grüßte und ging. Sein an die Treppenlehne gebundenes Pferd scharrte ungeduldig. Er schwang sich auf das Wägelchen und fuhr davon.

»Herrgott, so schnell! So schnell!«, raunte der Maxl benommen, rieb sich die Stirn und schaute verwirrt in die Gesichter rundum. Dann ging er zum toten Kastenjakl hinauf ...

Wie erwartet kamen anderen Tags die Heimraths. Sie wussten schon, dass der Kastenjakl verstorben war, und dem Maxl war es sehr recht, als die Bäuerin vor der Besichtigung des Hauses gelassen sagte: »Naja, da kann man nichts machen! Heiraten müsst ihr jetzt schon erst im Frühjahr. Der hochwürdige Herr Pfarrer meint auch, eher kann man's nicht machen.« Das klang nach fester, unwiderruflicher Abmachung und befriedigte den Maxl vollauf.

Die Heimrathin schien überhaupt wie umgewandelt. Sie fand nur wenig auszusetzen. Wohl bemerkte sie hin und wieder flüchtig, dass das Haus eng genug sei, indessen jeder konnte daraus hören, wie wenig herabmindernd, wie einsichtsvoll und nachsichtig das gemeint war. Auf dem etwas verwirrten, ernsten Gesicht der Resl hingegen lag eine deutliche, beinahe angstvolle Enttäuschung, als man durch die Räume des Bäckerhauses ging. Wohn- und Backstube, ja, die waren wenigstens noch einigermaßen geräumig, jede andere Kammer aber – du lieber Gott, wenn sie da an das weitläufige, luftige Bauernhaus in Aufhausen dachte! Der saubere Stall und insbesondere die zwei Kühe imponierten ihr ebenso wie ihrer Mutter. Bis jetzt hatten sie doch nur von einer Kuh gewusst und waren angenehm überrascht. Der Maxl, der dies merkte, deutete auf den leeren Raum im Kuhstand und sagte lächelnd, dass hier das einjährige Kalb genug Platz habe, und erwähnte nicht ohne Stolz, dass er's auf vier Kühe bringen wolle. Das nahmen die Aufhauser sichtlich gut auf. Hinten im Hof blieb der Maxl wiederum länger vor dem zerfallenen Wäscherhäusl stehen und erklärte halblaut, was er damit im Sinne habe. Hierher waren Mutter und Kathl nicht gefolgt.

»Das möcht' ich ausbauen, damit die Kathl drinnen Platz hat«, schloss er, »dann wird das Haus leerer.« Vertraulich sagte er es, und die Heimrathin verstand.

Wieder in die Stube zurückgekommen, setzte man sich um den Tisch, und die Stellmacherin trug Kaffee auf. Der Maxl hatte einen süßen Zopf aus Semmelteig gebacken, in welchem Rosinen steckten. Ruhig und freundlich unterhielten sich die Heimrathin und seine Mutter. Nicht der geringste Misston kam auf. Nach und nach wurde es gemütlicher, und die beiden alten Weiber lächelten einander müde an.

»Mein Gott, wir sind auch einmal jung gewesen. Heiraten muss jede einmal«, sagte die Stellmacherin zur Aufhauserin und blickte auf den Maxl. »Er ist seiner Lebtag ein fleißiger Mensch gewesen, und im Kopf hat er auch was. Jeder hat seine Untugenden.« Die Heimrathin nickte und sah das zukünftige Paar an.

»No, Resl, wie hat dir denn das Anwesen gefallen?«, fragte sie aufgelockert.

»Jaja, ganz passabel«, nickte die Befragte und versuchte ein bisschen zu lächeln, doch es gelang ihr nicht recht.

Der Maxl schaute sie gutmütig an und sagte: »Resl, alles hat einmal klein angefangen! Lass dir nur Zeit! Wenn wir verheiratet sind, kommt erst der richtige Schwung ins Haus! Wir sind ja noch jung.« Sie sah ihn schief und ein wenig ungläubig an.

Die Leute in der Pfarrei erfuhren schon deshalb sehr schnell von der bevorstehenden Heirat, weil man weder in Berg noch in Aufhausen daraus ein Geheimnis machte. Das zukünftige Paar ließ sich auch schicklicherweise bei allen Tanzveranstaltungen und sonstigen Gelegenheiten sehen, und der Maxl – gleichsam als wolle er allen Feinden seinen errungenen Triumph besonders deutlich vor Augen führen – benahm sich dabei absichtlich laut und übermütig. Das brachte die Heimrathsche Verwandtschaft und die wohlhäbige Bauernschaft in größte Wut. Sie bestürmten die Aufhauser Bäuerin, sie machten ihr bittere Vorwürfe und flüsterten ihr allerhand Nachteiliges über ihren zukünftigen Schwiegersohn zu. Der Müller März in Berg war außer sich. Er kam eines Tages zu seiner Schwester nach Aufhausen und verlangte offen, die Heirat müsse unbedingt rückgängig gemacht werden, das sei – wie er sich ausdrückte – »ein ewiger Schandfleck für die ganze Familie und Verwandtschaft, wenn ein solcher Windbeutel wie der Maxl die Resl zur Frau bekomme«. Es kam zu einem heftigen Streit. Die Heimrathin ließ sich aber nicht schrecken und blieb ihrem Bruder nichts schuldig.

»Das eine sag' ich dir«, plärrte dieser wutrot, »von uns geht keiner zu dieser Lumpenhochzeit! Die Schand' könnt ihr allein austragen!« Die Bäuerin sah ihn mit hohnscharfen Blicken an und fragte hämisch, ob denn der ortsfremde Schreiner Wammetsberger, der die Müller-Marie geheiratet habe, besser gewesen sei als der Maxl? Darauf konnte der Müller nicht gleich etwas erwidern, und um ihm keine Zeit zu lassen, schrie ihn die Heimrathin noch derber an: »Ob ihr bei der Hochzeit dabei seid oder nicht, das verschmerzen wir leicht! Du tust ja grad', als wenn ich erst fragen hätt' müssen, was ich tun soll! Bist du vielleicht der Vormund von meinen Töchtern? Ich hab' bis jetzt gewusst, was ich zu tun hab', und werd' es auch weiter wissen! Nach dem Müller März fragt kein

Herrgott und kein Teufel!« Sie war blass vor Erregung, und ihr Trotz bäumte sich. Verfeindet gingen Bruder und Schwester auseinander.

Wie alles einmal vergeht und alles einmal kommt, so verstrich auch der diesmalige harte Winter mit all seinen Erregungen. Die frischen Märzwinde fegten die Wolken aus dem Himmel und den letzten Schnee von den Flächen. Aus den dampfenden Tälern um Aufkirchen stiegen in jeder Frühe dichte Nebel, die sich jedoch in der wärmer werdenden Sonne rasch verflüchtigten. Am Mittag waren die mit glasdünnen Eiskrusten überzogenen Rinnsale der steif gefrorenen Straßen bereits geschmolzen und flossen als klare Wasseräderchen dahin. An den kahlen Zweigen der Bäume zeigten sich nach und nach winzige Knospen, und in der würzigen Luft klang das erste, schüchterne Gezirp der allmählich wiederkehrenden Singvögel.

Endlich war also auch der Hochzeitstag von Maxl und Resl da. Zeitig am Morgen fuhr der Aufhauser »Kuchlwagen« über Aufkirchen nach Berg. Er wurde viele Male aufgehalten, und der Knecht, der ihn fuhr, musste »spenden« und »spenden«. Als das schmucke, hochbeladene Fuhrwerk in Berg einfuhr, begegnete es der glatt gewichsten, verzierten Kutsche vom Wiesmaier, in welcher der Maxl und der Lorenz saßen. Die Kathl war daheim geblieben und konnte sich wegen ihrer Leibesdicke nicht mehr sehen lassen. Die Stellmacherin hatte neben dem Kutscher auf dem Bock Platz genommen. Sie fuhren nach Aufhausen, um die Braut abzuholen. Dort war alles schon bereit. Die Bäuerin und alle ihre Töchter standen im prangenden, silberverschnürten Mieder in der Kuchl. Die goldgewirkte Riegelhaube saß auf ihrem Schopf. Nur die Resl trug einen künstlichen weißen Maiglöckchenkranz im Haar. Alle hatten feierlich ernste Gesichter und redeten wenig. Im Hof standen die bessere und die mindere Chaise, die sie nach dem Pfarrort bringen sollten. Die Pferde davor wieherten ab und zu und scharrten unruhig.

Als nun die »Bäckerischen« einfuhren und kurz darauf der Maxl im Rahmen der Kuchltür auftauchte, mit heiter strahlendem Gesicht – da fing die Resl auf einmal zu weinen an. Sie sah und hörte nichts mehr. Mechanisch drückte sie Maxl die Hand, und er stellte sich neben sie. Die Stellmacherin und der Lorenz waren auch in die Kuchl gekommen. Man grüßte einander und redete irgendetwas. Die Resl aber blieb fassungslos.

»Ja also, gehn wir! Es wird Zeit!«, sagte die Heimrathin. Da aber geschah es, dass die Resl fast starr auf dem Platz stehen blieb, scheinbar, als wehre sie sich. Ihre verwirrten, tränenvollen Augen, ihr verstörtes Gesicht machten einen Mitleid erregenden Eindruck auf alle. Sie schluchzte noch viel schmerzlicher auf. Ja, nun erst, da sie wirklich von dem Stück, das alle ihre Erlebnisse und Erinnerungen, die Freuden und Leiden ihrer Jugend umschloss, wegging, schluchzte sie wahrhaft verloren wie ein hilfsloses Kind, dem man das Liebste auf Erden genommen hatte. Da sagte die Heimrathin ein wenig verärgert und rau: »Resl, das hätt'st du dir schon früher überlegen müssen! ... Geh weiter jetzt!« Und sie sah ihre zerbrochene Tochter fest an und sagte wiederum, aber um einen Grad milder: »Resl! Jetzt zier dich doch nicht gar so! Man ist ganz einfach füreinander bestimmt!« Dies erst gab der Erschütterten wieder halbwegs die Fassung. Auf der ganzen Fahrt nach Aufkirchen saß sie schweigend neben dem Maxl, ließ ihre Tränen rinnen und trocknete sie nicht …

Der Tag war frisch und aufgehellt. Rundherum roch es noch Keimen und Wachsen. – »Resl«, sagte der Maxl einmal sanft, »sie hat schon Recht, deine Mutter. Man ist füreinander bestimmt!« Sie gab keine Antwort, und er schwieg auch wieder.

Die Trauung am Altar war bald vorüber. Viele Neugierige hatten sich in der Kirche eingefunden: Berger Hofleute, die Strauchs von Leoni, die Wiesmaiers und Klostermaiers, der Daiser, der Schmalzer-Hans und sonstige Bekannte. – Erst nach dem Mahl im festlich geschmückten Klostermaier-Saal konnte die Heimrathin ganz deutlich sehen, wie beliebt ihr Schwiegersohn war. Er musste sich bei vielen besseren Leuten für die Geschenke, die er erhalten hatte, bedanken. Ihm und Resl wurde gratuliert. Es war ein langes Händedrücken. Linkisch und mit gefrorenem Lächeln nickte die Resl, wenn der Maxl sie vorstellte. Sie ließ alles mit sich geschehen, wie ein Mensch, der sich ohnmächtig seinem Geschick ergibt. Endlich kam eine leichte Lustigkeit auf, als es nach dem Bier auch Wein gab, als man lauter wurde und zu tanzen begann. Nun schien sich auch die Starrheit der Resl etwas zu lockern. Nur in ihren Augen glomm noch immer eine traurige Abwesenheit.

Der ganze Saal wirbelte zuletzt von Tanzenden. Immer mehr Gäste kamen und tranken weidlich. Sie ließen den Maxl oft und oft hochleben und stießen ihre Gläser oder Krüge aneinander. Es dauerte bis zum ersten Dämmer, und jeder sagte, so eine lustige, schöne Hochzeit habe er noch nie mitgemacht.

Noch einmal, als die Aufhauser heimfuhren und der Maxl mit der Resl in die Wiesmaierkutsche stieg, packte die Braut eine jähe, aber nur kurze Erschütterung. Sie weinte wieder und umschlang Mutter und Schwestern. Sie sagten ihr tröstliche Worte, und die anderen Gäste lachten betrunken auf dem weiten Platz.

»Es wird schon sein Glück! Er wird richtig durchbrechen!«, flüsterte der Schmalzer-Hans dem Lorenz und dem Daiser-Hans zu, als das Gefährt mit den Brautleuten aus dem Pfarrhof rollte. Nach altem Brauch nämlich hatte er sich während des Tanzes weggeschlichen, war nach Berg ins Bäckerhaus gelaufen und hatte die Seitenbretter der Ehebetten aus den Haken gehoben. Als der Maxl und die Resl sich hinlegten, fielen sie plumpsend auf den knarrenden Kammerboden.

»Juchhe!«, schrie der Maxl schnell gefasst und lachend auf und schaute auf sein junges Weib. »Wir kriegen richtige Kinder, Resl! Und Glück, viel Glück haben wir!« So ein Durchbrechen galt als Beweis dafür.

»No ja, wenn's nur wahr ist!«, antwortete die Resl auch leicht belustigt und half ihm, die Bettbretter wieder einzuhängen.

Drunten auf der Straße schrien der Schmalzer-Hans und der Daiser spottend: »Wir haben's schon krachen hören! Gut seids durchgefallen! Juchhe, Maxl!«

Laut lachend gingen sie weiter ...

Leonore Suhl

Charlottes Liebesdienst

Wir hatten uns in Greenwich Village kennen gelernt. Jack hatte gerade seine erste Frau verlassen und war wie elektrisch geladen vor Kummer und Wut. Wir begegneten uns zum ersten Mal auf einer Party, die Künstlerfreunde von Jack gaben, eine jener Geselligkeiten, die bis zum Morgengrauen dauerten und in der düsteren Sechs- oder Achtzimmer-Altbauwohnung unsichtbarer, unbekannter Besitzer stattfanden. Eine flüchtige Bekannte hatte mich mitgenommen, aber was ist schon nicht flüchtig im Hochbetrieb von New York?

Schon im Treppenaufgang roch man den süßen Duft nach frisch gemähtem Gras – Marihuana. Jack öffnete mir die Tür. Unsere Blicke trafen sich, und ich erschrak.

Dieser Mann würde mich uneingeschränkt besitzen. Groß, schlank, hohe Wangenknochen in einem slawischen Gesicht, die Großeltern kamen aus Galizien, Juden aschkenasischer Herkunft, wie er mir später erzählte. Das Haar schwarz gelockt und mit frühem Grau durchzogen, beginnende Stirnglatze. Ruhige, gezielte Bewegungen, prüfender Blick hinter der Hornbrille. Die schmale Nase leicht gebogen. Sehr männlich. Das Gesicht eines Intellektuellen. Er lächelte. Er sah sehr gut aus, aber überhaupt nicht hübsch. Hübsch, das gilt ja nicht nur für Frauen; es gibt hübsche Männer, zum Beispiel in Hollywood, oder der Kellner im Restaurant »La Luna« in Ayamonte, drüben auf der spanischen Seite.

Der Abend verlief geräuschvoll. Jack, sonst mit Alkohol zurückhaltend, betrank sich. Ich, einziges Kind deutsch-nationaler, erzkonservativer, so genannter arischer Eltern höheren Mittelstands atmete begeistert die überheizte, nach Parfum, Whisky, Marihuana und Kloake der alten Stadthäuser stinkende Luft. Fasziniert ließ ich mich auf ein Gespräch mit einem leicht irritablen, seinem Akzent nach russischen Maler ein, in dem es um den Preis der Arbeitskraft ging, der stets niedriger sein muss als der Wert des Produktes.

»Why's that?«, fragte ich in meinem besten Englisch.

»Na, wegen dem Profit«, antwortete er beschämend auf Deutsch.

Als Jack bei Tagesanbruch in die Garderobe wankte und hinfiel, trotzdem aber unter dem Haufen Mäntel und Jacken, der achtlos verstreut auf dem Boden lag, zielsicher seinen Trenchcoat hervorzerrte, half ich ihm auf die Beine und in den Mantel. Er würde mich anrufen, lallte er, und bat um meine Telefonnummer, die ich ihm mit meinem Magic-Eye-Stift aus meiner Handtasche auf seinen Handrücken schrieb.

Am folgenden Abend trafen wir uns auf seinen Vorschlag zu viert in einem Restaurant in Chinatown: Jack hatte auch seinen Bruder Ben Zion und dessen Freundin Beverly eingeladen. Vielleicht war er von der alten Weisheit »There's safety in numbers« ausgegangen. In der Gegenwart von anderen konnte er sich unverbindlich von mir verabschieden, falls ihn seine sicherlich verschwommene Erinnerung an mich getäuscht hatte. Gefragt habe ich ihn das nie.

Bei unserem Eintritt wies uns der Kellner einen Tisch zu, goss den Rest aus der Teekanne der vorherigen Gäste auf die klebrige Plastikplatte und putzte die Flecken und Brösel mit einem zerlöcherten Lappen weg. An der Wand flitzte eine aufgescheuchte Küchenschabe in die Sicherheit einer Ritze.

»Das Hoheitszeichen New Yorks«, bemerkte Ben Zion, »die Kakerlake.«

Der Kellner steckte den Lappen in seine Schürzentasche. »Sie können ins ›Lotus‹ gegenüber gehen, wenn's Ihnen da besser gefällt«, sagte er.

Jack hatte sich demonstrativ umgesehen. Die roten Lampions mit den goldenen Troddeln. Der Bambusvorhang aus grünem und gelbem Kunststoff vor dem Eingang zur Küche.

»Ist doch gemütlich hier, Benzi. Pompöse Restaurants verunsichern mich, da fühle ich mich wieder wie der kleine Jid aus Tschernowzy.«

»Bitte nenne mich nicht Benzi! Und schon gar nicht Ben Zion. Ich verabscheue die Zionisten. Offiziell nenne ich mich Benjamin, für den Hausgebrauch ist Ben okay.«

Er war ebenso groß gewachsen wie Jack, ebenso entschieden in seinen Aussagen, aber im Gegensatz zu seinem jüngeren Bruder lag etwas Dominierendes in seiner Person.

Beverly und ich hatten geschwiegen und verunsichert gelächelt.

Das Essen war ausgezeichnet gewesen. Jack und ich saßen uns gegenüber und warfen uns abschätzende Blicke zu. Die Unterhaltung ging um die Grundsätze des Historischen Materialismus. Terra incognita.

»Es gibt keine einzige Lösung, Jack«, sagte Ben.

»Aber es gibt keine bessere, Ben.«

»Ich zeig Ihnen, wie's geht«, sagte Beverly. Sie hatte meine Mühe mit den Essstäbchen bemerkt. Beverly hatte echtes rotes Haar, trug Schmuck aus Indien, bewunderte den Dalai-Lama und war Lehrerin an einer Schule für geistig behinderte Kinder.

Als wir uns damals im Restaurant »Blue Dragon« trafen und uns über Szetschuan Chicken taxierten, hatte Jack sich schon zum Partner bei einer GmbH für Verarbeitung von Plastikabfall hochgearbeitet. Ich arbeitete als Hilfskraft in der Staatsbibliothek auf der Fifth Avenue, die von zwei blasierten Steinlöwen bewacht wurde. An die genaue Folge meiner ziellosen Odyssee durch die unterschiedlichsten Jobs kann ich mich nicht mehr erinnern. Einmal war ich tagsüber Verkäuferin bei »Woolworth« und abends Platzanweiserin im Kino gewesen; dann Tippse im Büro eines Krankenhauses. Dann Nachhilfelehrerin für Deutsch und Kellnerin bei »Chockful of Nuts«.

Am Ende unserer Mahlzeit wurden uns Fortune Cookies mit der Rechnung serviert. Auf meinem Zettel stand: »Ihnen steht finanzielle Hilfe bevor.« Jack nahm mir das Stückchen Papier aus der Hand, las laut vor, und alle lachten. Es war mir peinlich, die Gehälter für Hilfskräfte in Büchereien waren bekanntlich miserabel. Jack zahlte für alle.

»Sei nicht so aufdringlich«, sagte ich später zu ihm, als wir in meiner möblierten Einzimmerwohnung auf dem abgewetzten Plüschsofa saßen. Das hatte ihn belustigt. Immerhin war es erst das Jahr 1959. Woodstock hatte noch nicht stattgefunden. Halsausschnitte und Büstenhalter unterlagen noch moralischen Kontrollen, und über Sex schwieg man sich aus. Im Kino war der neue Film von Fellini, »La Strada«, angelaufen. Neben dem Sofa lief ein dünnes Rinnsal aus dem reparaturbedürftigen Kühlschrank, für den sonst nirgends im Raum Platz war. Das Village war damals noch Boheme und nicht Luxusstadtteil. Jack hatte die Hände in meiner Bluse und auf meinen Brüsten.

»Love is a man of war, and can shoot!«, zitierte er.

Das herbeigesehnte, unschickliche Ende unseres Szetschuan-Treffens fand auf meinem Sofa statt, unbequem, wild, süß und mehrmals wiederholt.

Ich zog zu ihm, doch es vergingen Jahre, bis er sich zu einem endgültigen Entschluss durchgerungen hatte. Einen glaubwürdigen Status als seine Partnerin konnte ich nur mit Geduld erreichen. Noch war er nicht von seiner Frau, mit der er einen Sohn hatte, geschieden. Noch – fürchtete ich – liebte er sie.

»Joan is a bitch«, sagte Ben. »Beautiful, but a bitch. Sie betrügt Jack. Sie turtelt mit der halben Lehrerschaft von der New School herum.«

»Das letzte Mal fand ich sie in flagranti mit einem mir gut bekannten Professor«, sagte Jack, »er lehrt Bergsons ›Evolution of Life‹ oder was weiß ich. So was beeindruckt sie. Nachdem ich ihn rausgeschmissen hatte, habe ich sie zur Rede gestellt, aber sie hat nur die Achseln gezuckt und gesagt: So bin ich eben. – Als ich das hörte, bin ich ausgezogen.«

Joan war von bestürzender Schönheit. Ihr strahlendes Lächeln, ihre melodische Stimme, ihre ausdrucksvolle Redegewandtheit im Gegensatz zu meinem mühsamen Englisch stürzten mich in Verzweiflung. Sie wohnte gleich um die Ecke. Der vierjährige Remy, ein Murillo-Wildfang, verbrachte die Wochenenden bei uns.

An Sonnabenden nahm ich ihn zum Einkaufen mit.

»Hallo, Mrs Brody«, begrüßte mich der Metzger.

»Meine Mami sagt, du heißt gar nicht Brody«, tönte Remys klare Kinderstimme wie ein anklagendes Sünderglöckchen, und wie bei jedem Glockengeläut tönte es wieder und wieder. In der Reinigung. Bei der Schneiderin. Im Fischgeschäft.

»Dem werden wir ein Ende setzen«, sagte Jack.

Nach dem für ihn typischen Drehen, Wenden und Analysieren eines Problems beschloss er kurz und bündig: Neuwahl.

In Mexiko wurden seine Scheidung und unsere Eheschließung innerhalb einer Stunde vollzogen. ...

Unsere Ehe war eine altmodische Ehe. Wir nahmen keine erfrischenden Ferien von einander, wie Joan es mit moderner Ungezwungenheit nannte. Zusammen besuchten wir meine alten Eltern in Deutschland. Noch heute rätsele ich über die tiefe Verneigung, die mein Vater vor Jack in unserem das Hergebrachte schreiend bejahenden Wohnzimmer machte. War es der übliche Schmerz eines eifersüchtigen Vaters, der seine einzige Tochter einem jungen Schnösel überlassen muss? War es seine bedrückte Ergebenheit, sie am Arm eines Juden zu sehen? War es einfach ein Ausdruck von wohlgewogenem Entgegenkommen?

Jack setzte sich früh zur Ruhe.

»Wir haben genug, um bequem zu leben, Princess. Mehr als genug«, erklärte er. Wenn er arbeiten müsse, um zu leben, so ließe sich das nicht ändern, doch überließe er es anderen, zu leben, um zu arbeiten. Dies mit einem Seitenblick auf seine längst arrivierten Kollegen, die trotz ihrer Villen, Segelyachten und Sommerhäuser auf Barbados weitermachten im großen Monopoly-Spiel.

Seine Partner und seine Mitarbeiter bei der Levinson & Newton Moulding Compounds Corporation hielten das für spinnig: In einem Jahr bist du wieder zurück, prophezeiten sie. Du wirst New Yorks Pulsschlag vermissen. Wir alle hier sind an den Druck, an die Dynamik des Geschäftslebens gewöhnt, auch du. Um nicht vom finanziellen Erfolg zu sprechen. Ohne Polyäthylene wirst du gar nicht mehr leben können. Was willst du überhaupt den ganzen Tag lang irgendwo jwd zwischen Kakteen und Eseln machen?

Doch Jack war nicht zu beirren gewesen. Er verließ Levinson & Newton wie von Furien verfolgt. Warum aber, fragte man uns, ausgerechnet Portugal? Ein Land, wo an Sonntagen der Bischof von Lissabon in seinen über das Radio übertragenen Reden kundgab, dass ein Stück Brot und eine Hand voll Feigen als gottgesegnete Tagesration für die Landbevölkerung ausreichend sei? Es hatte in der Sonntagsausgabe in der »Times« gestanden. Unter der portugiesischen Landbevölkerung hörte das allerdings kaum jemand. Die wenigsten besaßen ein Radio, und Lesen und Schreiben konnte erst recht niemand.

Warum also die Algarve? ...

In der heißen Pracht des portugiesischen Südens,

dort, wo sich Algarve und Andalusien treffen, begannen wir unser neues Leben. New Yorks Zementschächte lagen hinter uns. Ich pflanzte Zypressen, Datura, Oleander, Rosen, Lilien, Hibiskus in die klumpige rote Erde, schleppte die langen Sommer hindurch schwere Wassereimer, um alles am Leben zu halten, und war erst zufrieden, wenn unsere Besucher sagten: Ihr wohnt in einem Paradies. Jack verschlang schon zum Frühstück philosophische Schriften. Er schrieb gesellschaftskritische Artikel. Er las Marx und Marcuse, Shakespeares Theaterstücke, und er verfolgte die amerikanische Börse. In seinem Bücherschrank standen Chomsky und Shahak und Chargaff, Trotzki über Literatur, Pavlev über Heine. Ich las endlich »Krieg und Frieden« und lernte portugiesische Gerichte kochen. …

Nachts hörte ich die Nachtigallen in den Mimosen singen, herzzerreißend. Barfuß schlich ich nach draußen, warum vergießt der Mensch Tränen, wenn etwas schön ist? Ich weckte Jack. Das musst du hören. Schlaftrunken kam er auf die Terrasse, er trug nur seine Pyjamajacke, und er vergoss keine Tränen. Er nahm mich in die Arme, drückte mich an sich und sagte: »Nun komm schon, fühl mal, ich hab' einen Wahnsinnsständer.«

Anstatt mein Vorhaben auszuführen und ins Haus der Kunst zu gehen, sitze ich immer noch in meinem Hotelzimmer. Zwischen meinen Absichten und der Ausführung steht die Barriere meiner Erinnerungen, die ungerufen und ohne Anlass kommen:

»Er hatte, obwohl von Schmerzen gebeugt, etwas

sehr Aufrechtes, Unbestechliches«, schrieb mir ein Freund von ihm nach seinem Tod.

»Er war immer so herzlich und hilfsbereit«, schrieb ein anderer.

»He was a true gentleman«, schrieb sein Börsenmakler.

»Seine Ansichten vertrat er entschieden, ein sehr charakteristischer Zug von ihm, dieses absolut klare Denken, diese geistige Strenge im Dialog«, so ein mit Jack befreundeter Professor der Philosophie.

»Jack, der uns immer freundlich und gut gelaunt begegnete. Jack, der skeptische deutsche Jude, der pragmatische amerikanische Unternehmer.«

»He gave me such good advice. If only I had followed it.«

»Er stellte immer erst einmal alles in Frage und ließ sich von hoch stehenden Personen nicht beeindrucken.«

»Bei aller Klarheit des Denkens habe ich ihn immer versöhnlich und gebend erlebt.«

»That first time I met him I didn't know what to say, because he was such a handsome dog.«

»He loved you. He really loved you.«

Die aus Deutschland offerierten Beileidsbezeugungen kamen auf streng-weißem oder schwarz umrandetem Papier, die aus Amerika waren oft verziert. In Mato Branco kondolierten unsere Nachbarn mit Blumen, wie es in unseren Kreisen erwartet wurde. Mr und Mrs Willard brachten weiße Lilien, die Jack nie gemocht hatte, er liebte feurige Farben. In der Wäscherei gab mir Dona Maria-Azalea wortlos die raue Hand und blickte mir dabei fest in die Augen. Auf dem Fischmarkt zog mich Dona Carmen über die

Kisten mit Tintenfisch schluchzend an sich. Dona Delfina, unsere neue Hilfe, weinte still in der Küche. Ich funktionierte mechanisch und glatt wie unter Hypnose. Später, als ich allein war, musste ich mich erbrechen.

Dabei hatten wir vorher immer so vernünftig darüber gesprochen. Es war jedes Mal Jack, der damit anfing.

»Wenn es mit mir so weit ist, musst du sofort Morton Schiff in New York anrufen, Morty hat mein Testament. Du weißt ja, was drinsteht. Tell him the guy kicked the bucket, he died. Er ist gestorben. Und vergiss nicht, wir haben Aktien und T-bills. Sprich mit Ronnie. Und Shivah brauchst du nicht an meinem Totenbett zu sitzen.«

Einfach so ohne ihn weiterleben? Ungläubig hatte ich mich in unserer großen Küche umgesehen, wo eine ganze Bibliothek von Kochbüchern aus aller Welt das Regal füllte, vom »Larousse Gastronomique« zum »New York Times Cookbook« und der »Küche des fernen Ostens«. Jack aß mit Genuss und würdigte meine Kochkünste. Ein Kochbuch mit Mahlzeiten für Witwen gab es in meiner Sammlung nicht. Jack, für immer und ewig unerreichbar – als sei eine schwere Tür krachend hinter ihm ins Schloss gefallen –, das war unvorstellbar. Zwar hatte ich in seinem Gesicht gesehen, wie sich ihm der Tod von Tag zu Tag näherte, gelten lassen konnte ich es nicht. In der Nachbarschaft wurde es längst akzeptiert. Es fiel mir nicht auf.

»Life is for the living, Princess«, hatte er mit etwas angestrengter Heiterkeit gesagt. »Dann ziehst du eben zurück nach New York oder Deutschland. Das ist doch nicht so undenkbar. Oder du bleibst hier. Kümmerst dich um den Garten. Lädst dir die Nachbarn ein.«

Ich hatte abfällig gelacht, so als würde mir auf dem Marktplatz ein Fisch von vorgestern angeboten.

»Noch etwas.« Seine Stimme wurde dringlich. »Sofern meine Verwandtschaft nicht von den Nazis ermordet wurde, ist sie an Krebs gestorben. Ich bin auf dem besten Wege, dabei keine Ausnahme zu machen. Versprich mir, dass du mir hilfst, wenn es so weit ist. Es graut mir bei der Vorstellung, dank ärztlicher Fürsorge unter Qualen und ohne einen Rest von Würde ein paar Monate länger existieren zu dürfen. Versprich es mir.

Und vergiss nicht, du stehst finanziell gut da. Du hast Geld«, sagte er noch.

Axel Hacke

Die Liebe in den Sümpfen des Alltags

In der Zeitung las ich: 75 Prozent aller Frauen hoffen bei der Hochzeit, dass sich ihr Mann im Lauf der Ehe ändert. Aber 75 Prozent aller Männer hoffen bei der Hochzeit, dass sich ihre Frau im Lauf der Ehe nicht ändert.

Ich erzählte das Bruno, als wir uns in einer Bar trafen. Er senkte den Kopf und schüttelte ihn dabei und sagte: »Das sagt alles. Das sagt nun wirklich alles.«

Zum Beispiel, sagte Bruno, könne er mit seiner Frau nicht mehr zusammen Auto fahren. Wenn sie es täten, und sie führen zusammen nach Hause, und er müsse da vorne links abbiegen, dort, wo er immer links abbiege, dann sage seine Frau hundert Meter vorher: »Da vorne musst du links abbiegen!« Das wisse er, sage er, Bruno, dann, immer biege er hier links ab, es gehe gar nicht anders, aber sie höre ihn nicht, sondern sage schon: »Hier musst du parken!« Ja, wieso denn nicht?, rufe er, hier parke er jedes Mal, wieso sie ihn nicht in Ruhe tun lasse, was er immer tue? Sie antworte dann nur, warum er sich so aufführe – und schon sei der schönste Abend im Eimer.

»Das hat sie doch früher nicht gemacht«, sagte Bruno, während sein Gesicht über dem Bierglas hing.

»Das hat sie doch nicht gemacht, als wir uns kennen lernten.«

Ich sagte, auch ich könne mit Paola zusammen nicht mehr Auto fahren, ehrlich gesagt wüsste ich überhaupt kein Ehepaar, das zusammen Auto fahren könne.

»Wenn ich irgendwo links abbiege«, sagte ich, »fragt Paola sofort: ›Warum fährst du nicht geradeaus und biegst da hinten ab, das ist kürzer?‹« Weil ich glaubte, antwortete ich dann, dass es hier kürzer sei und weniger Verkehr sei hier auch. Aber garantiert tauche dann ein Lkw auf, und Paola rufe: ›Ah, hier ist es also kürzer, und hier ist weniger Verkehr!‹ Ich schreie dann, ob sie nicht fahren wolle, wenn sie alles immer anders haben wolle, als ich es machte, ob sie nicht einfach immer fahren wolle? Sie sage, warum ich mich so aufführte – schon sei der schönste Abend im Eimer.

»Und?«, fragte Bruno. »Hat sie das am Anfang auch gemacht, als ihr euch noch nicht lange kanntet?«

»Nein«, sagte ich.

»Siehst du!«, sagte er. »Diese Zeitungsmeldung sagt alles. Alles.« Wenn die Frauen so geblieben wären, wie sie am Anfang gewesen seien, wäre alles wunderbar.

Wie saßen eine Weile stumm da und grübelten, warum die Liebe so oft in den Sümpfen des Alltags versinkt. Dann sagte ich: »Wahrscheinlich waren sie ja schon am Anfang so, aber man hat es nicht gemerkt.«

»Warum bleibt es nicht so, dass man es nicht merkt? Warum muss es sich ändern? Ich finde es besser, wie Männer sind. Sie möchten, dass der Mensch, in den sie sich verliebt haben, bleibt, wie er war, als sie sich verliebt haben. Warum sollte man wollen, dass er sich ändert?«

»Weil man mit ihm in einer Beziehung lebt. Wenn man jemanden kritisiert, setzt man sich in Beziehung zu ihm.«

»Beziehung, Beziehung! Wenn ich das Wort höre!«

Ich sagte: »Aber wenn man mit jemand zusammenlebt, setzt man sich mit ihm auseinander, mit seinen guten und schlechten Eigenschaften. Und die schlechten Eigenschaften möchte man ändern. Man möchte nur jemand ändern, den man liebt. Die anderen sind einem egal.«

Bruno sagte, er habe mal einen Film mit Meryl Streep gesehen, da saß sie neben einem Mann im Auto, der ihr Ehemann war. Er fuhr. Sie hasste ihn. Dann platzte es aus ihr heraus: »Würdest du bitte aufhören zu atmen?«

»Sage ich doch«, sagte ich. »Auto fahren geht nicht.«

»Das Schlimmste ist«, sagte Bruno, »wenn Frauen immerzu an einem herumkorrigieren. Wenn sie mir die Haare so zurechtstreicht, dass man die Geheimratsecken nicht mehr sieht. Wenn sie meinen Hemdkragen zurechtzupft oder den Krawattenknoten zurechtrückt. Es erinnert mich an meine Mutter mit ihren Allmachtsvorstellungen.«

»Viel schlimmer ist«, sagte ich, »wenn Frauen resignieren. Wenn sie glauben, Männer nicht mehr ändern zu können. Sie werden gehässig. Man sieht das manchmal an alten Ehepaaren.« Ich machte eine Pause, dann fragte ich: »Wie lange seid ihr verheiratet?«

»Zehn Jahre«, sagte Bruno. »Wir feiern es in dem

Restaurant, in dem wir den ersten Abend verbracht haben.«

»Gut«, sagte ich. »Da sieht man dann, was sich geändert hat.«

»Und was geblieben ist«, sagte er und lachte laut und herzlich.

Christine Brückner

Bella Vista

Sie reisen zum ersten Mal zusammen. Und dann gleich in den Süden und gleich in den Frühling! Beide älter als sechzig und mehr als dreißig Jahre verheiratet, und immer miteinander gelebt und mit den Kindern und mit den Enkelkindern und jetzt auf einmal allein, in einer Fremde, die sie spüren lässt, wie sehr sie aufeinander angewiesen sind. Kein Reiseleiter, der hilft, nur ein Taschenwörterbuch und eine Hand voll Prospekte, deren Nutzlosigkeit doch jeder schon feststellt, bevor der Zielbahnhof erreicht ist, spätestens aber, wenn er den Koffer in das Zimmer der Pension stellt und ans Fenster geht und nach der angekündigten schönen Aussicht sucht.

Das Glück der Ahnungslosen ist mit den beiden: Ein Omnibus nimmt eine dieser Haarnadelkurven am Berg zu rasch und zu knapp, bremst unmittelbar neben ihnen, so dass der Schreck sie direkt in so ein *Bella Vista* treibt, gleich am ersten Nachmittag. Der Omnibusfahrer ist ein Sohn der Wirtin, daran muss es liegen, er liefert seiner Mutter bei jeder Talfahrt ein paar Gäste. Wer findet sonst am ersten Tag gleich sein *Belvedere*, sein *Bella Vista* oder einfach sein Restaurant *Zur schönen Aussicht*? Mit der Veranda nach hintenheraus, verglast oder unverglast, mit dem Blick auf die Berge, das Meer oder ins Tal, mit den fünf kleinen Tischen, an denen man seine Ansichtskarten schreibt und seinen Kaffee trinkt, seinen vino, seine Coca-Cola.

Die Bremsen quietschen, und irgendwer schreit, die Tür steht gerade offen, und schon sind die beiden drinnen, unversehens, vorbei an dem weißen Eiskasten, über dem ein Fähnchen weht, *Gelati* steht darauf, die Frau denkt an Gelatine, an rote Gelatine. Er vorweg, an der Theke vorbei, in der plötzlichen Dämmerung fast blind, aber mit der richtigen Witterung: Er stößt die Glastür auf, die zur Veranda führt. Und sie hinterher, lächelnd, kopfnickend zu den Männern hin, die über dem Fußballautomaten lehnen, und nach der anderen Seite zu der Wirtin hin und dem Mädchen, zehn Jahre höchstens, aber gleich mit dem karierten Tischtuch bei der Hand, und die Wirtin auch noch hinterher, die Stühle gerückt und über den See und über die Berge gezeigt. »Bella! Bella Vista!« Und dann diese Litanei von: Aranciata! Birra! Aperitivi! Vino nostrano! Caffè! Caffè latte? Espresso – und da gibt der neue Gast ein Zeichen. »Stopp«, sagt er und hebt zwei Finger der linken Hand. Die Wirtin wiederholt: »Espresso, due espressi« und verschwindet, das Mädchen hinterher. Der Gast schiebt sich einen Stuhl zurecht, lässt sich drauffallen, seine Frau setzt sich auf den Stuhl gegenüber. Er mit dem Blick auf die Berge, sie mit dem Blick über den See. Für heute und die nächsten drei Wochen wird das in diesem Augenblick von ihm entschieden. Bevor er den Stock an den nächsten Stuhl hängt, zeigt er mit ihm, die Eisenspitze ins Blaue gebohrt, nach Norden und sagt:

»Neuschnee.« Seine Frau wendet den Kopf und erschrickt beim unverhofften Blick übers Geländer. Der Berg stürzt jäh in die Tiefe, sie hängen in einem offenen Käfig überm Abgrund. Sie lehnt sich zurück. Das Gitter ist kaum so hoch wie der Tisch, an dem sie sitzen, sie hält sich mit der Hand dran fest, bekommt Herzklopfen, der Weg war steil, die ungewohnte Wärme. Sie knöpft den obersten Knopf ihrer Bluse auf, die Jacke hat sie schon aufgemacht, ihr wird eng, sie schließt die Augen. Sie sitzen beide still da, er sieht an ihrem Kopf vorbei auf die Berge, sie sieht, als sie sich etwas beruhigt hat, rund um seinen Kopf den blauen See; links von seinem Ohr erhebt sich der höchste und letzte der Berge einer langen Kette.

Als die Wirtin kommt und das Tablettchen mit den zwei Tassen, den Zuckertütchen und zwei kleinen Gläsern mit Wasser auf den Tisch setzt und anfängt es abzuräumen, erhebt der neue Gast sich, um sich im Windschatten der Verandatür seine Nachmittagszigarre anzuzünden. Er beißt ein Ende ab, spuckt es über das Gitter, im hohen Bogen, worüber seine Frau aufs Neue erschrickt. Er pafft und spuckt, bis die Zigarre brennt, und kehrt zurück. Nun steigt über seinen Kopf und über den See bläulicher Qualm und wird zur Wolke, die der Wind in eines der Täler an der anderen Seeseite weht, von dem seine Frau gern wissen möchte, wie es heißt, aber der Prospekt ist in der Jackentasche ihres Mannes, und sie bittet ihn nicht darum, er würde nicht begreifen, warum sie wissen will, wie etwas heißt. Blumen und Vögel und Berge. Er behauptet, sie vergäße die Namen doch gleich wieder. Aber das stimmt nicht, sie vergisst sie nicht, sie verwechselt sie nur immer, ändert sie ein wenig ab. Sie kann ihm nicht klar machen, dass der Name nicht der richtige, der offizielle zu sein braucht, nur irgendeinen Namen muss alles haben, damit man sich erinnern kann. Das Gedächtnis braucht Namen.

Sie schlürfen hier täglich, an diesem Tischchen, ihren Espresso, leeren die Zuckertütchen, achten darauf, dass der Wind sie nicht wegbläst, trinken Wasser in großen Schlucken, ohne durstig zu sein, und studieren die Preistafel, die an der Hauswand hängt. Er vergleicht die Zahlen mit den Angaben in den Prospekten, kontrolliert sie auf der Umrechnungstabelle, die man ihm in seiner Sparkasse beim Geldumtausch ausgehändigt hat, und sagt: »Rappen.« Seine Sätze bestehen aus einem Wort, gelegentlich aus zwei Wörtern. Seine Frau wiederholt das Wort, sagt »Rappen«, plötzlich fällt ihr was ein, sie sagt: »Berappen, hier muss man wohl berappen?« Während des Sprechens steigt ein Lachen in ihr hoch, das sie nicht rechtzeitig zurückhalten kann, ein Gluckser dringt aus ihrem Mund, sie beugt sich rasch über das Geländer, als käme er von dort. Unter der Veranda scharren im Sand an der Hausmauer Hühner und Kinder und gackern dummes, unverständliches Zeug. Brennnesseln und Abfälle. Die schöne Aussicht beginnt erst in Augenhöhe. In Kniehöhe und kaum zehn Meter entfernt befindet sich schon das Dach des nächsten Hauses, abgeschrägt und mit flachen Steinen belegt. Dicht darunter ein hölzerner Balkon, auf dem nun gleich der junge Mann erscheinen wird, erhitzt und schmutzig, aber schon mit der blauen Plastikschüssel in der Hand und dem Handtuch überm Arm. Er zieht das Hemd aus, wirft es durch die Tür zurück ins Zimmer, gleich darauf wird es von einer Hand weggeholt. Er seift sich ein und singt dazu so ein Lied mit einer Mariamariamaria darin; um die Muttergottes scheint es sich nicht zu handeln. Er klatscht das Wasser mit den Händen gegen die Brust, schaufelt es über den Rücken und schwappt den Rest über das Geländer. Der Aufprall geht im Gekreisch der Hühner und Kinder unter. Jetzt nimmt er das weiße Handtuch mit den geknüpften Fransen, schwingt es über die Schultern und frottiert sich den Rücken. Er wölbt dabei seine blanke Brust, dreht sich um und entdeckt die Zuschauerin und Bewunderin seines braunen Rückens. Er winkt ihr zu, lacht. Sie winkt zaghaft zurück, ihr Mann dreht sich um, sagt: »Ah, der Wassergießer!« Sie blickt ihren Mann an, blickt wieder zurück auf den Balkon und spürt in ihrer Hand den plötzlichen Wunsch, diesen jungen braunen Rücken zu streicheln. Sie versucht, sich an den Rücken ihres Mannes zu erinnern, und ihre Augen, hinter einer dunklen Sonnenbrille verborgen, blicken auf seinen Nacken und seine Schultern, soweit sie nicht von der Polsterung des Jacketts verschoben und verdeckt sind; den einzigen Männerrücken, den sie kennt, hat sie vergessen. In früheren Jahren hat sie abends, wenn sie sich zum Einschlafen zurechtgerückt hatten, ihr Gesicht an diesen Rücken gelegt, die linke Backe fest an seinem linken Schulterblatt, immer hat er dann gesagt – sie weiß auch das nicht mehr. Ein Arm reicht jetzt ein weißes Hemd durch die Tür. Der junge Mann zieht es über den Kopf, und noch mit dem Zuknöpfen beschäftigt, verschwindet er pfeifend vom Schauplatz. – Der nächste Auftritt bitte! Jetzt kommt die Frau, deren Hand und Arm man schon kennt; sie trägt einen Stuhl herbei, hängt das Handtuch zum Trocknen über das Balkongitter, beugt sich hinunter, wirft einen Blick auf die spielenden Kinder, geht zurück ins Zimmer und kehrt mit dem Säugling auf dem Arm zurück. Sie setzt sich zurecht, stellt die Füße so auf die untere Sprosse des Gitters, dass eine natürliche Schaukel entsteht, sobald sie sich zurücklehnt. Dann knöpft sie die Bluse auf und reicht dem Kind die Brust. Der Zuschauer oben im *Bella Vista* räuspert sich bei dieser Schaustellung, klopft mit einem Geldstück an das Wasserglas und ruft der Wirtin, die gleich darauf unter der Tür erscheint, »vino« zu und zeigt mit zwei Fingern der linken Hand das zugehörige zweimal. Von nun an gibt es jeden Nachmittag, unmittelbar nach dem Auftritt der jungen Mutter, Wein. Am dritten Tag sagt nicht mehr die Wirtin »lo stesso« zu den Gästen, sondern er, der Gast, ruft ihr zu: »Lo stesso!« Und die Wirtin hebt die linke Hand, zeigt mit zwei Fingern ein V, was zwei heißen soll, und holt das Gewünschte.

Lo stesso! Dasselbe. Ein Leben lang dasselbe. Immer gekocht, was er wünschte, immer gegessen, was er aß, getrunken, geschlafen, immer: lo stesso für seine Frau.

Am Sonnabend hängt der junge Mann einen Spiegel an den Wandhaken und rasiert sich mit einem altmodischen Rasiermesser, das er vorher schärft. Er schäumt sich ein, pfeift, schabt, und derweil wippt seine Frau auf ihrem Stuhl und nährt ihr Kind. Am Sonnabend trägt er einen Schlips, er bindet ihn sorgfältig vor dem Spiegel, reckt den Hals und betrachtet sich lange, reibt das Kinn, tänzelt hin und her, geht ins Zimmer, kehrt nochmals zurück, jetzt im Jackett, geputzt für die abendliche Piazza, beugt sich plötzlich über die Frau und küsst ihre Brust, schiebt das Köpfchen beiseite und küsst, oder was tut er sonst, er wird doch nicht –

Die beiden oben sehen sich erschrocken an und erinnern sich. Dem jungen Vater scheinen im gleichen Augenblick die beiden Alten da oben einzufallen, er blickt hoch, winkt ihnen zu und ruft: »Salute!« Er zeigt auf sein Kind, das wieder trinkt, und prostet ihnen mit der Hand zu. Da heben die beiden oben ihre Gläser und rufen zurück: »Salute!«, trinken einen langen Schluck, und für diesen Augenblick weiß der eine, woran der andere denkt. Lo stesso – alle beide. Wann geschieht das sonst auf der Welt: derselbe Gedanke in zwei Köpfen, dieselbe Erinnerung!

Die Sonne ist hinter den Bergen verschwunden. Der junge Mann steht nun wohl schon auf der Piazza, seine Frau hat Kind und Stuhl ins Zimmer getragen, das Sechsuhrboot zieht in weitem, schönem Bogen im Hafen ein, jetzt noch das Abendläuten und bald darauf der Rauch aus dem Schornstein. Rauch von einem Holzfeuer. Am ersten Abend hat der neue Gast einmal kurz geschnuppert und gesagt: »Holzfeuer.« Endlich weiß seine Frau, was er früher gemeint hat mit seinem: Es riecht wie zu Hause.

Nun noch der letzte Akt; er spielt sich auf der Unterbühne ab, die sie noch nicht am ersten Tag entdeckt haben, aber doch bald danach. Der Auftritt geschieht in Blickrichtung des Mannes, er hat ihn zuerst wahrgenommen und mit dem Stock hingezeigt. Schon am nächsten Abend warten beide auf das Erscheinen der Alten unten auf dem Pfad, den sie täglich kreuzen, wenn sie die Treppen hinuntersteigen. Dieser Pfad kommt von einem zerfallenen, aber doch bewohnten Haus, verschwindet später in einer Schlucht, taucht wieder in ihrem Blickfeld auf, kreuzt die Treppe, wird von Gesträuch halb verdeckt, dann eine neue Windung und schließlich wieder ein Haus. Diesen Weg geht die Alte jeden Abend, gleich wenn das Läuten vorbei ist. Wenn man genau aufpasst, und das tun die beiden, sieht man zuerst die Stöcke, erst den rechten, der sich vortastet, dann kommt der linke, dann kommt der Kopf und schleppt den Körper hinterher, der rechte Fuß, der linke Fuß. Wie ein Käfer, ein schwarzer plumper Käfer. Die Kleider schleppen am Boden, die Stöcke wie Fühler: Zentimeter für Zentimeter die Unebenheiten des Pfades abtastend, sich vorschiebend, verharrend. Oben im *Bella Vista* verfolgen die beiden den Weg der vierfüßigen Alten; sie mit Herzklopfen, er mit gelegentlichem Räuspern, beide lassen den Blick nicht von ihr. Jeder knüpft seine heimlichen Wetten an sie: Wenn sie es schafft, dann ... Und jeder sieht in ihr den anderen. Der Mann blickt verstohlen zu seiner Frau, die verstohlen zu ihm, sie vertauschen Kleider und Köpfe, jeder denkt: Wenn er - sie - so alt ist, dann –. Jetzt verschwindet die Alte in der nicht einsehbaren Schlucht. Das dauert und dauert! Die Zigarre ist fast zu Ende, er steckt den Stummel noch einmal an - endlich, da kommt sie! Wieder erst die Fühler, dann der kleine graue Kopf, der schwarze Körper. Gott sei Dank! Für heute ist es geschafft, den Rest des Weges scheint es leichter zu gehen, dabei steigt der Pfad an. Warum kommen die Leute, zu denen sie will, nicht zu ihr? Warum lässt man die Alte den mühsamen Weg jeden Tag machen? Wann geht sie zurück? Schläft sie dort? Gibt man ihr dort zu essen? Sind es die Kinder? Freut man sich, wenn sie es geschafft hat? – Einmal kommt die Wirtin dazu, wie die beiden sich mit den Blicken an der Alten festgesaugt haben, die diesmal noch vor der Schlucht nicht weiterkann, den rechten Stock vorgeschoben und fast schon am Boden ... Wenn sie jetzt stürzt ... Der Mann fragt die Wirtin: »Warum? Warum geht sie da? Warum bleibt sie nicht in ihrem Haus?« Er demonstriert seine Fragen mit dem Stock, zeigt von einem Haus zum anderen, zeigt auf die Alte. Die Wirtin betrachtet ihn aufmerksam, sieht hinunter zu der Alten, dann hebt sie die ausgebreiteten Arme, lässt sie wieder fallen und sagt: »Perché?« – Perché? Das sind Fragen, auf die es keine Antworten gibt. Warum geht der Mensch hierhin und dahin, warum bleibt er nicht an seinem Platz, warum ist er hier, warum nicht zu Hause? – Perché?

Von nun an sprechen sie manchmal über die vierfüßige Alte, auf Umwegen, nicht direkt. Wenn sie etwas von ihrem Mann wissen will und während der Spaziergänge etwas fragt und er es auch nicht weiß, bleibt er stehen, hebt die Arme, genau wie die Wirtin, und sagt: »Perché?« Dann müssen sie beide lachen, ohne genau zu wissen, was das heißt: »Perché«, und ohne recht zu wissen, was daran zum Lachen ist.

Für den Rückweg nehmen sie die Treppen, trotz der Arthritis in seinem linken Knie; auch das hängt wieder mit der vierfüßigen Alten zusammen. Er benutzt seinen Stock nur noch zum Zeigen, sonst schwenkt er ihn lose über den Boden oder lässt ihn hinter sich herschleifen. Jedes Mal, wenn sie losgehen, zeigt er zunächst mit dem Stock auf die Treppe und dann auf die Straße und wieder auf die Treppe. Das ist seine Art, Fragen zu stellen und selbst zu beantworten. Er sagt dazu: »Scala, die Treppe«, »scalatta, die kleine Treppe« und setzt sich in Bewegung. Sie wiederholt leise: »Scalatta« und reiht es zu den Wörtern, die sie liebt und vor sich hin sagt, während sie ihm folgt, in zwanzig Meter Abstand. »Bella vista«, sagt sie und »campari« und »scalatta«. Wenn sich dann der Gaumen an die Laute gewöhnt hat, erfindet sie neue Wörter und gibt sie den Bergen. Einer heißt fortan »Vistasera«, ein anderer »Campostesso«, »Lagobene« der nächste, und der Berg, in dessen dunkle Schlucht sich das rechte Ohr ihres Mannes so gut einfügt, als sei eins für das andere gemacht, bekommt den Namen »Monte orecchio«, um ihn zu finden, hat sie abends heimlich im Wörterbuch nachgesehen, was Ohr auf italienisch heißt.

Mitten in der Nacht, wenn sich die Katzen unter ihrem Fenster balgen, verscheucht er sie mit einem Krug Wasser, den er in hohem Bogen aus dem Fenster leert, es klatscht aufs Pflaster, das Gemaunz und Gekreisch hört jäh auf. Er lauscht noch am Fenster, schließt dann, sagt »Vollmond« und sagt »Katzenhochzeit«. Wieder im Bett, erzählt er von den Katzen zu Hause, in seinem Dorf, als er noch ein Junge war. Wenn sie dann wieder einschlafen, hat sie das Gesicht an seinem Rücken.

Alles ist unterwegs, Katzen, Hunde, Schmetterlinge, Eidechsen, und alle zu zweit; spielend und sich jagend. Die Luft ist voll davon. Die Lerchen zum Beispiel. Diese Lerchen, wie sie sich aufschwingen und niedersinken lassen! Und auch sie zu zweit. Aus allen Mauerritzen blüht es, Kraut und Unkraut, kaum dass man noch Steine sieht. Selbst die Rebstöcke bekommen Knospen. Als sie an einem Vormittag auf einer

Mauer Rast machen, überrankt von den Girlanden des Weins, tropft es ihr kühl ins Gesicht und rinnt über die Backe, ein Tropfen aus den Wundmalen des Rebstocks. Er fängt ihn mit seinem Daumen gerade noch an ihrem Kinn auf und sagt: »Warum weinst du denn?« Sie muss gleich wieder lachen und sagt: »Perché?«, lässt die Hände auf den Schoß sinken und bekommt auch ins andere Auge noch eine Träne. Dieser Tag heißt »der Tag im Weinberg«, fast jeder Tag bekommt seinen Namen. Dann gehen sie weiter. Sie findet ein neues Kraut, muss es rasch und heimlich unter einem Gartenzaun herholen, reibt es zwischen den Fingern, riecht daran, pflückt noch ein paar Zweige und tut sie in die Handtasche. In der Pension hat sie bereits einen ganzen Karton voller Kräuter; sie kennt sie alle nur aus den Gewürztüten, die sie im Laden kauft und zum Kochen braucht: Estragon, Salbei, Minze, und heute ist es Rosmarin. Ihr Mann bleibt stehen, um auf sie zu warten. Sie beeilt sich, er zeigt schon von weitem mit dem Stock auf ihre Handtasche und sagt: »Diebskraut.« Sie sieht besorgt in sein Gesicht, doch seine Laune ist unverändert heiter, da holt sie das langblättrige Zweiglein hervor, hält es ihm unter die Nase und sagt: »Rosmarin, ich glaube, das ist Rosmarin.« Er nimmt es ihr aus der Hand, steckt es in das Knopfloch seines Rockes und fängt an zu pfeifen: »Rosemarie, Rosemarie – sieben Jahre mein Herz nach dir schrie.«

»Jetzt bin ich alt«, pfeift er. Seine Frau heißt Rosemarie. Als sie verlobt waren, hat er das Lied unter ihrem Fenster gepfiffen, wenn er fortmusste und sie die Haustür abschloss. Wann hätte er es später noch mal pfeifen sollen, er ging abends nicht fort, sondern kam wieder. Rosemarie! – Er bleibt stehen, wartet, bis sie bei ihm ist. Sie gehen nebeneinander weiter, er mit der Hand auf ihrer Hüfte, die er seit mehr als dreißig Jahren kennt – jetzt ist sie alt! Lo stesso, immer dieselbe!

Die Tage werden länger, und an jedem Tag bleiben sie darum auch etwas länger in ihrem *Bella Vista*. Der junge Mann kommt später zum Waschen auf den Balkon, seine Frau gibt dem Säugling später die Brust, und auch die vierfüßige Alte macht sich später auf ihren mühsamen Weg. Manchmal trägt das quietschende Bremsen des Omnibusses ein paar neue Fremde auf ihre Veranda, aber die sind bald wieder fort und kehren auch nicht wieder, um die kümmert sich keiner, das sind Zufallsgäste, heute hier und morgen da, die alles sehen wollen und gar nichts sehen. Ein paar Mal regnet es; dann platzen die Tropfen auf das gelbe Kunststoffdach, und die Wirtin rückt den Tisch ein Stück vom Gitter weg. Es gibt noch einmal Neuschnee auf den Bergen, und der letzte, der Monte orecchio, hat ein Mützchen auf, das erinnert die Frau, die Rosemarie heißt, im Abendlicht, das von Sekunde zu Sekunde die Farbe wechselt, plötzlich an das Enkelkind, Roswitha. Sie will ihrem Mann zeigen, was sie meint, der Schnee auf dem Berg da, der jetzt so grün ist, grün wie das Mützchen, das sie im vorigen Winter gestrickt hat – und er tut einen Blick darauf und sieht es auch! Sieht es, bevor sie noch fertig ist mit dem umständlich erklärenden Satz. Er kann sich erinnern, dass sie im Winter ein grünes Mützchen gestrickt hat, er sagt: »Mit einer weißen Bommel!«

In der letzten Woche kaufen sie unten am Hafen Ansichtskarten und sitzen dann und schreiben an ihrem Tisch im *Bella Vista* in den Pausen zwischen den beiden großen Auftritten, dem auf dem Balkon und dem unten auf dem Pfad. Sie schreiben, dass das Wetter schön sei, dass alles blühe, dass sie gut untergebracht seien, und fragen: Wie geht es Euch? – Schreiben und beschreiben können sie nicht, was sie hier erleben. Gerade, dass sie wieder miteinander reden können. Und ob sie diese neue Sprache nicht wieder verlernen, wenn sie fortgehen? Wer weiß das? Ob sie sich erinnern werden? An den Tag im Weinberg? An den Rosmarinzweig? – Warum fragt man danach? Perché?

Wie wohl mir's tut,
Daß nicht alles gut;
Ist alles nett,
So stickt man im Fett.

THEODOR FONTANE

Hellmuth Karasek

Betrug

Dann hatte ihn Harald angerufen. Er müsse ihn sprechen. Wegen »finanzieller Dinge«. Nein, nicht in der Bank, ihm wäre es lieber, wenn sie sich am frühen Abend im Club treffen könnten. So gegen sechs.

Es regnete, und so hatten sie vorher nicht Tennis gespielt, das war ja auch nicht verabredet gewesen. Trotzdem bestellten sie beide, wie fast jedes Mal, eine Schweinskopfsülze mit Remoulade und Bratkartoffeln. Harald kommentierte seine Bestellung jedes Mal. Er esse das so gerne, weil er es zu Hause nicht bekomme, schon in seiner ersten Ehe nicht bekommen habe. Und jedes Mal pflichtete ihm Robert bei: »Ich krieg das zu Hause auch nicht. Eva findet das eklig!« Wenn Robert an die Sülze und die Bratkartoffeln dachte und daran, wie sie beide das Gericht mit einem Seufzer kommentierten, jedes Mal, erschien ihm das ein Indiz dafür, dass er und Harald Freunde wären, schon wegen dieses Überbleibsels an Junggesellensolidarität.

Diesmal bestellte Harald seine Sülze ohne den üblichen Kommentar. Also konnte Robert ihm auch nicht beipflichten. Und als ihnen die Sülze nebst zwei kleinen Bieren serviert worden war, sagte Harald, während er in die Sülze schnitt, das Stück mit der Gabel aufhob und mit dem Messer Remoulade darüber strich: »Für wie blöd hältst du mich eigentlich?«

Robert wusste sofort, was gemeint war, und obwohl er seit langem befürchtet hatte, in diese Situation zu geraten - in Wachträumen, in Träumen, im endlosen Kreisen seiner Gedanken in den letzten Monaten –, war das Erschrecken geringer als erwartet. Im Gegenteil, er war wie betäubt, wie anästhesiert, es war, wie wenn man sich tief in den Finger schneidet, das Blut aus der Wunde tritt, aber der Schmerz noch auf sich warten lässt; man weiß allerdings, dass er gleich einsetzen und dann nicht zu beruhigen sein wird. Er schob Gabel und Messer auf seinem Teller beiseite und gab auf Haralds Frage keine Antwort. Er wusste, dass Harald keine Antwort erwartete.

»Du glaubst, ich weiß nicht, wie lange du Katta, wie lange du meine Frau schon fickst?«

Obwohl Harald leise hasserfüllt gesprochen hatte, blickte sich Robert bei dem Wort »fickst« ängstlich um, so als könnte sie in ihrer Umgebung jemand belauschen. Aber da war niemand, nur die Bedienung lächelte ihn nichts sagend an, als sie seinen suchenden Blick sah. Robert schwieg weiter.

»Dazu fällt dir nichts ein«, fuhr Harald fort. »Aber mich ... und Eva, jawoll deine Frau nach Strich und Faden zu betrügen und uns zu verarschen ...«

Wieder sah sich Robert erschrocken um, so als suche er nach Hilfe.

» ... jawoll zu verarschen, dazu ist euch, dazu ist dir viel eingefallen.«

Robert schwieg. Langsam begann eine lähmende Angst seinen Rücken hochzukriechen.

»Also, für wie dumm und für wie blöd, äh blind hältst du mich eigentlich?«, fragte Harald.

Robert blickte auf seinen Teller, als sei die Antwort zwischen Messer und Gabel, zwischen Bratkartoffeln und Sülze verborgen. Obwohl seine Kehle vor Trockenheit schmerzte, traute er sich nicht, einen Schluck aus seinem Bierglas zu trinken.

Harald stellte weiter Fragen, die sich in ihrem anklägerischen Pathos selbst beantworteten. Ob Robert denn geglaubt habe ... ob er in seiner Unverschämtheit blind geworden sei ... ob er ein solches Schwein sei, jawoll Schwein sei – ob er und warum er und wie er ... und ob er nicht gedacht habe ...

Während Harald voll aggressiver leiser Wut auf ihn einsprach, überlegte Robert krampfhaft, wann und wie Harald ihm »auf die Schliche gekommen« wäre. Und er fragte sich, ob es nicht vielleicht besser wäre, dass »die Wahrheit« jetzt heraus wäre – das Versteckspielen ist vorbei –, und einen Augenblick dachte er, dass er unter diesen Umständen Katta nicht zur Abtreibung hätte überreden müssen. Aber gleichzeitig dachte er, ein Kind, das dauert lange und das hier, das geht vorüber. Und gleichzeitig überlegte er fieberhaft und in panischen Gedankensprüngen, ob Harald seine Entdeckung für sich behalten hätte, bisher, und weiter für sich behalten würde. Oder ob es, um Gottes willen, schon alle wüssten, alle und, um Himmels willen, vor allen Dingen Eva. Wenn es Eva weiß, dachte er, bin ich erledigt ...

Ob er überhaupt zuhöre, fragte Harald. Und Robert sagte: »Doch, doch«. Und: »Was willst du jetzt tun?«

Doch Harald beantwortete die Frage nicht und fuhr fort, Robert zu beschimpfen. Er sei ja nicht nur sein Freund, er sei auch sein Banker. Ja, er habe ihm immer geholfen, ja, er habe mit dem Geld von Eva für Robert spekuliert, ohne sie richtig zu informieren. »Denn von dem, was du verdienst, kannst du nicht leben«, sagte Harald, und wurde dann lauter: »Vor allem nicht so, wie du in letzter Zeit gelebt hast.« Er lachte höhnisch. »Hotels, Übernachtungen, Reisen, aufwändige Abendessen ... ich habe mit meinen Krediten dafür gesorgt, dass du meine Frau erst abfüttern und abfüllen konntest, um dich dann in teuren Hotelsuiten mit ihr herumzuwälzen. Du hast sie für rund dreihundert Mark pro Nacht gebumst ...«

Robert sah sich automatisch wieder um.

»Jawoll, gebumst, gefickt, gevögelt ...«, sagte Harald.

»Ich habe Schluss gemacht«, sagte Robert kläglich. Jetzt traute er sich, einen Schluck aus seinem Bierglas zu nehmen, während Harald von seiner Schimpfkanonade nicht daran gehindert wurde, heftige Bissen von seinem Teller in seinen Mund zu schieben. Er hatte Remoulade im Mundwinkel, worauf ihn Robert normalerweise aufmerksam gemacht hätte, was er jetzt aber natürlich nicht wagte. Es sah aus, als würde Harald schäumen. Der kann essen, dachte Robert, während ich mir seine Predigten anhören muss!

»Quatsch hast du«, sagte Harald, und er hatte inzwischen das letzte Stück Sülze zwischen den Zähnen. »Beim Juwelier bist du gewesen, hast Katta einen Ring für elftausend Mark plus Mehrwertsteuer gekauft.« Er lehnte sich zurück. »Der Herr hat's ja! Auf meine Kosten. Aber diesmal lasse ich dich auffliegen!«

Robert wurde es siedend heiß, und er griff wie ein Verdurstender nach seinem Bier. Mein Gott, der Ring!, dachte er. Mein Gott, wie idiotisch von mir!

Wie absolut idiotisch! Was habe ich mir dabei eigentlich gedacht! Schmeiße Geld, das ich nicht habe, zum Fenster raus. Katta einen Ring zu schenken! Kein Wunder, dass sie ihn zurückgeschickt hatte, wann hätte sie ihn auch tragen sollen? Hätte sie ihn am Morgen, wenn ihr Mann ins Büro gefahren ist, an den Finger stecken sollen? Und ihn schnell wieder abnehmen, wenn die Putzfrau käme oder Besuch oder die Nachbarin. Oder hätte sie ihn nur anstecken sollen, wenn sie mit ihm, Robert, unterwegs wäre, ihm sozusagen signalisierend, dass sie, unterwegs, seine Frau sei? Noch idiotischer war, dass Robert den Ring als Abschiedsgeschenk, als noble, edle Geste der Resignation geplant hatte. (Wirklich? Nicht wirklich!) Hätte sie also, nach dem Ring befragt, geschmerzt dreinblicken sollen und seufzend sagen: »Das ist die Erinnerung an meine große Liebe! Aber die ist nun vorbei! Und seinen Namen sollt ihr nie erfahren?«

Harald, der aufgegessen hatte, war inzwischen prinzipiell geworden.

Robert könne ihm glauben, dass er allein wegen seiner Kontobewegungen und Kreditüberziehungen zu durchschauen gewesen wäre. »Nur weil ich dein Freund war, habe ich das übersehen«, sagte Harald. »Ich hätte merken müssen, dass du schon allein deshalb keine Moral hast, weil du ein Verschwender bist. Wer das Geld so wenig achtet, der hat keine Moral. Sinnloses Geldausgeben ist Anarchie. Ich spreche nicht von Gefühlen, denn das hätte dir gegenüber keinen Zweck. Menschen, die sich das Hirn aus dem Kopf vögeln und das für die große Liebe halten, haben keine Gefühle. Jedenfalls nicht für andere. Die sind rücksichtslos, wie du es dem Geld gegenüber bist. Dass du dich nicht schämst, so über deine Verhältnisse zu leben! Ich meine, deine Frau und ich, wir zahlen dafür, dass du meine Frau ...«

»Nicht!«, sagte Robert bittend. »Sag nicht ...«, er flüsterte, »ficken. Die Bedienung hört mit langen Ohren zu.« Und dann wieder in normaler Lautstärke. »Und wie soll es weitergehen?«

Harald sah ihn an. »Das habe ich mich auch gefragt! Vor allem habe ich es Katta gefragt. Und sie hat gesagt«, er zeigte mit dem Zeigefinger auf Robert, »das liege nur an dir!«

»An mir? Aber ...«, Robert verspürte eine riesige Erleichterung. Er, nur er war der Herr der Lage. Wenn er jetzt großzügig das Ende seiner Affäre mit Katta vollzöge – vollziehen, was für ein Wort für eine Trennung, dachte er –, wenn er also Schluss machte, würden sich alle anderen dreinfügen. Harald, weil er sicher keinen Skandal wollte und weil er Katta behalten wollte, Eva, weil sie ihn, Robert, liebte. Aber, fragte er sich wieder, weiß Eva überhaupt schon etwas?

Harald schien seine Gedanken zu lesen, er sagte: »Aber ich warne dich! Ich kann Eva dazu bringen, dir den Geldhahn abzudrehen.« Er fuhr sich mit beiden Händen an die eigene Kehle und machte »krrck«. »Und dann sieht es verdammt finster für dich aus!«

Robert sagte: »Das meinst nur du.« Und er wusste nicht genau, was er damit meinte. »Und«, Harald hob den Zeigefinger, deutete auf Robert und fuhr dann mit dem Finger drohend auf und ab: »Und – sie werden dich, sie werden euch aus dem Club werfen. Ich weiß nicht, ob du dir das überlegt hast!«

Die Kellnerin, eine gutmütige, mollige Vierzigerin, kam und fragte, ob sie abräumen dürfe. Und dann, mit einem vorwurfsvollen Blick auf Roberts unberührten Teller, ob es ihm denn nicht geschmeckt habe.

»Doch, doch«, beeilte er sich zu sagen, er habe nur keinen Hunger.

Harald sagte, dass sie zahlen wollten.

»Zusammen?«, fragte die Kellnerin.

»Getrennt«, sagte Harald.

Im Rausgehen, auf dem Weg zu ihren Autos, erzählte Harald Robert mit pädagogischer Verbitterung die Geschichte von einem Vorstandsmitglied seiner Bank. Schwabe, mit einer Schweizerin verheiratet, millionenschwer, viele, viele Millionen ... Der fahre alle zwei Jahre zum Autosalon nach Frankfurt und steige im Frankfurter Hof ab. Dort stünden auf den Zimmern immer Mineralwasserflaschen, Preis pro Flasche 12,50 DM. Das habe der Vorstand und seine schweizer Gattin als so unverschämt empfunden, dass sie sich jedes Mal im Kofferraum ihres Mercedes eine Kiste Mineralwasser von zu Hause mitbrächten.

»Und?«, fragte Robert verkniffen. »Betrügt er deshalb seine Frau nicht?«

»Keine Ahnung«, sagte Harald. »Jedenfalls lebt er nicht über seine Verhältnisse.« Und nach einer Pause: »Ich warne dich!«

Du warnst mich, du warnst mich, dachte Robert, als er im Auto saß. Ausgerechnet du warnst mich! Wo ich deiner Frau *zum ersten Mal* gezeigt habe, was wahre Liebe ist. Die ist doch bei dir verhungert, du du, du Knicker, die hat doch erst durch mich erfahren, wie man lebt. Deine Scheißgeschichte mit dem Mineralwasser, die du dir ausgedacht hast, das ist doch deine Geschichte, du verdammter Pfennigfuchser. Du solltest einmal deine Frau hören, wie sie unter mir stöhnt, das hast du noch nie gehört, du Geizkragen. Dass Liebe Verschwendung ist, jawoll Verschwendung, das hast du noch nie gehört. Davon ahnst du noch nicht mal was! Ich brauche nur mit dem Finger zu schnipsen (er schnipste), dann brennt die mit mir durch! Katta! Der Gedanke an sie rieselte wohlig sein Rückgrat hinunter! Harald hatte nur vulgär vom »Ficken« und »Vögeln« gesprochen. Aber das war es doch nicht! Jedenfalls nicht nur! Als ob es bei ihm und Katta nicht auf das Gefühl angekommen wäre! Auf die Liebe eben. Aber davon verstand Harald nichts!

Robert war so in Rage, dass er kurz vor einer Ampel – es herrschte abendlicher Berufsverkehr –, beim Stop-and-Go leicht auf seinen Vordermann auffuhr. Der Mann, der sofort wütend aus seinem Opel Vectra (beigefarben) ausstieg, war um die fünfzig und trug eine Baseballmütze. Er hatte seine Warnblinkanlage eingeschaltet und beäugte seine hintere Stoßstange, an der nichts zu sehen war, indem er in gebückter Haltung immer wieder von rechts nach links und von links nach rechts an seinem Auto vorbeikroch, die Stoßstange genau in Augenschein nahm und von Zeit zu Zeit mit der rechten Hand prüfend über das Chrom fuhr.

»Es ist nichts zu sehen«, sagte Robert.

»Das sehe ich auch«, sagte der Mann unfreundlich. »Trotzdem würde ich jetzt gern die Polizei holen.« Die Autos hinter ihnen hupten.

»Jetzt, im Berufsverkehr?«, fragte Robert.

»Dann geben Sie mir Ihre Adresse und lassen mich Ihre Führerscheinnummer und die Daten Ihres Kfz-Scheins abschreiben«, sagte der Mann.

»Aber es ist doch nix zu sehen«, sagte Robert und

dachte, dass der Vectra-Fahrer mit der Baseballmütze mindestens ein so elender Spießer sei wie Harald – der ist nicht mehr mein Freund. Aus und vorbei!

Endlich hatte sich der Mann alles aufgeschrieben und fuhr los. Robert war so in Wut, dass er mit eingelegter Automatik im Rückwärtsgang startete. Nur das wütende Hupen des Wagens hinter ihm, der gleichzeitig wilde Lichthupensignale gab, bewahrte ihn im letzten Moment vor einer zweiten Karambolage.

Als er endlich losfuhr, pochte sein Herz. Jetzt bin ich frei, dachte er, während aus dem Radio ein Song von Jennifer Lopez, »Love Don't Cost a Thing«, zu hören war. Jetzt bin ich frei. Gleich werde ich Katta anrufen und ihr das sagen. Gleich. Aber als der Song von Jennifer Lopez vorbei war, die hat einen Arsch, dachte er, sank auch sein Mut. Morgen werde ich sie anrufen. Nachher. Wenn ich mit Eva gesprochen habe. Wenn ich herausgefunden habe, was Eva weiß. Er wechselte die Fahrbahn, ohne zu blinken, ohne in den Rückspiegel zu schauen. Bremsen kreischten, wütendes Hupen war zu hören. Ein Fahrer kurbelte das Fenster hinunter: »Pass doch auf, du Idiot!«, schrie er. Robert hob lässig die Rechte zum Gruß, murmelte: »Nix für ungut!« Und dann sprach er vor sich hin: »Morgen bin ich frei. Morgen. Die Geheimnistuerei hat ein Ende, Schluss mit dem Versteckspiel! Ich werde frei sein. Morgen!« Aber er fühlte sich nicht frei bei seinen Gedanken.

Er öffnete die Garage mit der Zahlenkombination, dem Geburtsdatum seiner Tochter Anna. Ich bin frei, dachte er, während er den Motor abwürgte. Das Garagentor schloss sich automatisch. Er öffnete die Tür zu seinem Haus, das Garagenlicht erlosch automatisch.

Dennoch war er erleichtert, als er merkte, dass Eva nicht zu Hause war. Patrick, sein Sohn, war offenbar in seinem Zimmer, man hörte schon unten die dumpfen Töne von Bass und Schlagzeug, ein Rhythmus, dem die Melodie beim Durchdringen von Türen und Wänden abhanden gekommen war, ein stotternder Herzschlag.

Er pirschte sich durchs Haus, das ihm fremd und abweisend vorkam. Die Tür zum Zimmer von Eva war offen. Auf dem Sofa lag eine Wolldecke, daneben ein kleiner Haufen von Büchern. Er blickte auf die Titel: »Die Eifersucht«, »Psychologie der Eifersucht«, »Vom Verlust der Treue«. Und Marais Roman »Die Glut«, Shalevs Roman »Liebesleben« und Wellershoffs Roman »Liebeswunsch«. Mein Gott, ich bin umzingelt, ich bin durchschaut, dachte er, denn er empfand alle Titel als deutliche Zeichen dafür, dass Eva alles wusste. Alle drei Romane, die da lagen – Robert hatte zwei für den Saarländischen Rundfunk rezensiert –, handelten von Untreue, Liebesverrat, Ehebruch, von Männern, die Freunden die Frau wegschnappen, von Männern, denen die Frau weggeschnappt wird. Ich bin auf der Seite der Schurken und Verlierer, dachte er, aber, er reckte sich unwillkürlich aus seiner müden, resignativen Haltung, aber eigentlich bin ich der Sieger, weil ich allen Unglück bringe. Er hatte mit Eva nicht über diese Romane gesprochen, er hatte keine schlafenden Hunde wecken wollen. Aber schliefen die Hunde überhaupt noch? Waren sie nicht längst hellwach und hechelten ihm nach, blickten ihn durchdringend an ...

Blödsinn, dachte er, Bücher bedeuten gar nichts. Und wenn man alle Romane einstampfen würde, die von Untreue aus Liebe, von Eheverrat und von der Eifersucht handeln, bliebe so gut wie nichts übrig. Bücher, Opern, Theaterstücke, vor allem Filme, handelten überhaupt von nichts anderem, so als gäbe es nichts anderes, im Grunde genommen.

Robert erschrak. Was er erlebte, durchlitt, zu erleben glaubte, zu durchleiden vermeinte, das ging in Romanen immer schrecklich aus. Mord, Totschlag, Selbstmord, Exitus. Wie gut, dass es keine Duelle mehr gibt, dachte er. Und dann: In Büchern muss das einfach schief gehen, tragisch enden, das sind die Autoren ihren Lesern schuldig. Wegen der Moral, des Anstands, der Läuterung. Im richtigen Leben, aber was ist schon das richtige Leben, verläuft alles viel banaler, also friedlicher: Der Zahnarzt schläft mit seiner Sprechstundenhilfe, die meist unnatürlich blond ist und wie gestählt frisiert, die Frau kommt ihm auf die Schliche, Krach, teure Scheidung, neue Heirat, der Doktor muss wie verrückt bohren. In einem erfüllten Leben klappt das ein- bis zweimal, aber beim zweiten Mal, die neue Sprechstundenhilfe ist brünett und hat einen glatten Bubikopf, beim zweiten Mal muss der Doktor noch verrückter bohren, so viel Karies gibt es gar nicht!

Ich will es lieber banal haben, dachte Robert, der sich auf einmal, Marais »Die Glut« in den Händen, mitten in einer Tragödie wähnte, wie ein schwacher Schwimmer in einem gefährlichen Strudel. Ich will an Land. Ich will später, im Alter, mit weise wehmütigem Kopfschütteln auf mein Leben zurückblicken. Ich will es noch banaler als der Zahnarzt, ich bin kein Wiederholungstäter. Ich will mich im allerkleinsten Kreise drehen. Er legte das dünne Büchlein wieder auf den Haufen.

Eva stand in der Tür. Robert kam sich ertappt vor, als hätte er in ihren Briefen herumgeschnüffelt, heimlich ihre Tagebücher gelesen und nicht nach Büchern geschaut, die es in jeder Buchhandlung zu kaufen gab.

Sie fragte: »Was machst du da!«

»Ich? Nichts!«, sagte Robert. »Ich bin gerade nach Hause gekommen.« Und sein Herz klopfte so wild wie der Hip-Hop-Rhythmus, der dumpf und regelmäßig aus Patricks Zimmer drang.

»Interessierst du dich wieder dafür, was ich lese? Oder spionierst du mir hinterher?«, fragte sie.

Er zuckte die Achseln und ließ die Hände gegen seine Schenkel klatschen.

»Ach Eva!«, sagte er. Und er dachte, jetzt kommt die große Aussprache, und das muss leider sein. Aber es kam gar nichts, Eva drehte sich um und ging aus dem Zimmer. Einfach so. Als wäre nichts gewesen. Aber es war ja auch nichts gewesen, eigentlich ...

Am Neujahrsmorgen ging er mit Eva spazieren. An der Alster war es spiegelglatt, alles war voll mit Hundekot und überall lagen die schmutzig aufgeweichten Hülsen der Knallkörper herum. Es war diesig und grau, den Menschen, die fröhlich oder verbissen um die Alster spazierten, stieg der Atem wie Rauch aus dem Mund. »Harald ist also nach München gezogen«, sagte er und zog den Kopf in der feuchten Kälte ein.

»Es ist ein tolles Angebot, eine tolle Chance«, sagte Eva. »Und außerdem«, fügte sie hinzu, »hast du ihm ja keine andere Wahl gelassen. Es tut mir Leid um ihn, er wird mir fehlen, aber ich bin froh, dass die dicke Schlampe weg ist!«

Jan Weiler

Uno due tre

Noch zwei Tage bis zur Hochzeit, dem größten Großereignis in Pamelas und Paolos Leben. Wir besuchen das Paar, das entgegen üblicher Sitten bereits zusammenlebt. Die beiden wohnen in einem Neubaugebiet am Stadtrand in einer recht großen Wohnung, die komplett gefliest ist und den Charme eines Hallenbades versprüht. Auf der Sofalehne sitzen allerhand Plüschtiere, darunter auch Clowns. Das Frühstücksgeschirr wird sicher bombig einschlagen.

Paolo zeigt uns ihr Hochzeitsalbum. Moment mal. Hochzeitsalbum? Die Hochzeit ist doch erst übermorgen. Jajaaa, klärt mich Paolo auf, aber dieses Album mache man vorher. Das Album steckt in einem ledergebundenen Schuber und wiegt ungefähr fünf Kilo. Auf den Seiten ist nur jeweils ein Foto zu sehen – und das hat es in sich. Ein professioneller Fotograf hat in einer Art Fotoroman den Weg der Liebenden zueinander inszeniert. Die meisten Bilder spielen in den fünfziger Jahren. Das Album beginnt mit einem Bild von Paolo, der in einem weißen Anzug vor einem Bugatti posiert. Es ist wie alle Aufnahmen schwarzweiß und nachträglich mit einem Sepiaeffekt versehen worden. Auf der nächsten Seite räkelt sich

Pamela mit schmachtendem Blick auf einer Chaiselongue. So geht's weiter. Ungefähr auf Seite dreißig begegnet sich das Paar schließlich auf der Landstraße, wo Paolo eine Panne mit seinem Bugatti hat und Pamela ihm freundlicherweise Wasser in einer Emaillekanne bringt, das er in den Kühler und über sein Hemd schüttet. Auf dem nächsten Bild wird geküsst. Danach geht alles ganz schnell. Die nächsten zehn Seiten zeigen die Hochzeitsvorbereitungen des Paares, anschließend folgen leicht erotisierte Aufnahmen von Paolo und Pamela in der Hochzeitsnacht. Bei diesem Foto wird heftig gegrinst. Eine ganze Woche lang habe der auf diese Art von Alben spezialisierte Fotograf nach ihren Wünschen gearbeitet. Kostüme und Bugatti inklusive hat dieses Panoptikum der Liebe drei Millionen Lire gekostet.

Auch bei der Hochzeit lässt man sich nicht lumpen. Es werden über einhundertfünfzig Gäste erwartet, die meisten gehörten zu den beiden Familien des Brautpaares. Nur die allerwenigsten haben abgesagt, zum Beispiel kann das Ehepaar Bozzi leider nicht kommen. Die Bude wird voll. Die Bude wird sogar doppelt voll, denn ein Stockwerk tiefer, in einem weiteren Saal, ist noch eine Hochzeit von vergleichbarer Mannstärke anberaumt.

Am Morgen der Hochzeit große Aufregung. Pater Alfredo hat sich gestern Abend an einem kleinen Hühnerknochen verschluckt und lässt mitteilen, dass er sich wegen eines nicht enden wollenden Schluckaufs absolut außerstande sehe, die Predigt zu halten. Was nun? Mein Schwiegervater bietet sich als Ersatz an, aber Onkel Raffaele insistiert, dass Toni erstens kein Geistlicher sei und zweitens für Predigten nicht tauge, weil er bei längeren Reden immer so klinge, als verlese er das Kommunistische Manifest.

Naiv frage ich meine Frau, ob es nicht ein anderer Priester aus Campobasso tue, doch das kommt kategorisch nicht in Frage, denn Pater Alfredo hat in den letzten sechzig Jahren so ziemlich alle Umtriebe der Familie Marcipane begleitet. Noch drei Stunden, dann muss der Schluckauf weg sein, notfalls mit Gewalt. Eine Abordnung der Familie geht also zu Alfredo, um ihn zu erschrecken.

Eine Stunde später sind sie wieder da und verkünden, Pater Alfredo sei auf wundersame Weise geheilt worden, amen. Pünktlich um elf Uhr stehen wir vor der Kirche und warten auf das Brautpaar. Dieses hat zu diesem Zeitpunkt bereits eine mehrstündige Foto- und Videosession hinter sich. Der Fotograf, ein hagerer Mann mit Glupschaugen und einer gepunkteten Weste, ist nämlich auch für ein weiteres offizielles Fotoalbum sowie den obligatorischen Film zuständig, das gehört alles zusammen. Für den Film hat er einen Gehilfen mitgebracht, der die Videokamera bedient.

Sara und ich sind genau so angezogen, wie man sich bei einer Hochzeit anzieht, jedenfalls in Deutschland. Im Unterschied zur Beerdigung von Calogero fühle ich mich diesmal allerdings keineswegs zu elegant gekleidet, eher im Gegenteil. Meine Familie hat richtig dick aufgetragen, besonders die Tanten im Gesicht, fast bekommt man den Eindruck, hier werde eine mexikanische Soap-Opera aus dem Industriellenmilieu gedreht.

Pamela wurde nicht unbedingt zu ihrem Vorteil in ein sehr enges Brautkleid gesteckt und anschließend mit sehr viel Tüll umwickelt, was ihr das Aussehen eines Ostereis verleiht. Paolo hingegen wirkt dagegen vergleichsweise calvinistisch. Er trägt eine Spencerjacke und darunter ein Hemd mit Rüschen sowie eine violette Hose mit einem schwarzen Streifen an der Seite, dazu Lackschuhe. Seine auftoupierten schwarzen Locken glänzen in der Sonne wie eine Nordseemöwe nach einer Ölpest. Antonio trägt übrigens dasselbe Outfit wie bei unserer Hochzeit. Sara, ich und ein überaus schöner Mann sind die Einzigen, die nicht verkleidet aussehen. »Das ist Vasco, der schwule Cousin aus Mailand. Hübsch, was?«

Als Mädchen, erzählt mir Sara, sei sie in Vasco verliebt gewesen, genau wie die anderen Mädchen aus Campobasso. Dass er heute hier ist, hat im Vorfeld für reichlich Zunder gesorgt, denn es gibt einige Tanten, die Homosexualität für eine ansteckende Krankheit halten und sich Sorgen gemacht haben, Vasco könne den Bräutigam womöglich damit infizieren und die Hochzeit ins Wasser fallen lassen, ganz ernsthaft. Letztlich siegt die Vernunft und Vasco, der in seiner Kindheit eng mit Paolo befreundet war, darf kommen. Seinen Lebensgefährten lässt er lieber in Mailand.

Bei der Trauung spielen sich erschütternde Szenen ab, weil Paolos Mutter so erbärmlich schluchzt, als sei ihr Sohn gerade ums Leben gekommen. Auch Antonio weint neben mir, auf dass Ursula klagend an die Decke der kleine Chiesa die Leonardo schaut.

»Was ist denn mit ihm?«, flüstere ich meiner Schwiegermutter ins Ohr.

»Der kennt die beiden kaum, aber diese Kirche macht ihn so traurig. Und Pater Alfredo. Er kennt ihn schon seit seiner Kindheit.« Der Schluckauf von Pater Alfredo ist übrigens einem trockenen Husten gewichen.

Nach dem Traugottesdienst und den obligatorischen Glückwünschen tritt wiederum der Fotograf auf den Plan und fotografiert, was das Zeug hält. Sein Gehilfe gibt der Gemeinde ununterbrochen Kommandos, er scheucht uns wie die Schafe über den Kirchplatz und filmt dann vorsichtshalber alles, ohne allerdings vorher die Schutzkappe vom Objektiv zu nehmen. Nach einigen Minuten merkt dies Anselmo, so heißt der Fotograf, und verpasst seinem tölpelhaften Gesellen vor versammelter Mannschaft einen fürchterlichen Heb-Senk-Einlauf. Dies schüchtert nicht nur ihn ein, der hernach mit zitternder Kamera sein Werk verrichtet, sondern auch uns. Brav stellen wir uns in jeder erdenklichen Kombination vor den Bugatti und lächeln, wie nur Menschen in Todesangst zu lächeln in der Lage sind.

Nach einer guten Stunde geht es in einem Autokorso ins Restaurant. Leider kommt die Hälfte der Hochzeitsgäste, die hinter Antonio hergefahren sind, mit großer Verspätung an, was den Zeitplan komplett durcheinander bringt. Bereits auf dem Parkplatz kommt uns ein wütender Koch entgegen und fragt, ob wir denn eigentlich noch ganz bei Trost seien und ob wir uns vorstellen könnten, wie es sei, für dreihundert Personen zu kochen. Er spricht vor allen Dingen mit mir, und da ich nichts verstehe, lächle ich ihn an und sage, er solle sich an meinen Schwiegervater wenden.

Im ersten Stock des Restaurants betreten wir einen Saal, der wirkt, als sei er eine Kreuzung aus dem Präsidentenpalast von Saddam Hussein und dem Wohnzimmer von Liberace. Wir legen unser Geschenk zu den anderen Paketen und stellen zufrieden fest, dass zumindest die Verpackung den allgemeinen Geschmacksnerv getroffen hat.

An der Stirnseite des Saales nimmt das Brautpaar Platz. Es thront in der Mitte einer langen Tafel, an der sich auch die Eltern, Omas und Geschwister niederlassen dürfen. Für alle anderen gibt es Zehnertische. Wir sitzen mit zwei Arbeitskollegen aus dem Supermarkt, einer extrem nach Veilchen duftenden Tante von Paolo, ihrem Gatten, meinen Schwiegereltern und Marco an einem Tisch. Marco hat seine neue Freundin mitgebracht, bei der ich mir allerdings nicht ganz sicher bin, ob sie nicht vielleicht ein verkleideter Herr ist, denn sie hat eine dunklere Stimme als ich. Auf jedem Tisch steht Wasser, dazu Weißwein und Rotwein in großen Flaschen.

Was denn nun geplant sei, frage ich Sara.

»Nichts«, sagt sie und zuckt die Achseln.

»Nichts?«

»Nichts. Nur essen.«

Eine italienische Hochzeit gleicht einer sozialen Leistungsschau. Lange Tischreden vermeidend, geht es eigentlich nur darum, den Gästen zu beweisen, dass man genug Moos an den Füßen hat, um einhundertfünfzig Personen so satt zu machen, dass diese nicht mehr geradeaus laufen können. Es wird also gegessen, gegessen und gegessen, zwölf Stunden lang. Das Ganze kommt mir so vor, als wolle Paolo sich bei seinen Verwandten für jede Hochzeit rächen, auf der er schon einmal eingeladen war. Das bekommt ihr alles zurück, scheint er sich gedacht zu haben. Eine gute Hochzeit unterscheidet sich hierzulande von einer schlechten eigentlich nur durch die Anzahl der Essensgänge.

Später erfahre ich, dass er sich für diese präpotente Geste verschuldet hat. Es existieren nämlich regelrechte Hochzeitskredite bei den Banken, damit sich niemand die Blöße einer einfachen Vermählung geben muss.

Ich hatte ja damit gerechnet, dass man wie bei uns in Deutschland schwülstige Reden hört oder peinliche Szenen mit ansehen muss, in denen wohlmeinende Freunde die wichtigsten Stationen des Bräutigams auf der Suche nach der richtigen Frau nachstellen, was oft zu betretenen Gesichtern, mancherorts sogar zu deftigem Streit führt; dass rasch die Krawattenknoten gelockert werden und man viel Wein trinkt, später mit dem Bräutigam eine Zigarre raucht und sich nachts auf dem Parkplatz übergibt. So kenne ich das. Natürlich kommt es ganz anders.

Ich bin bereits nach dem fünften Gang, einem gegrillten Fisch mit Fenchel, so satt, dass ich nicht einmal mehr eine Zigarette rauchen kann. Selber Schuld, ich habe nämlich jedes Mal meinen Teller leer gegessen. Sara hatte mich zwar schon zu Hause gewarnt: »Nie alles aufessen, dann schaffst du es nicht.« Da ich aber von Nonna Anna so erzogen worden bin, habe ich jeden mir vorgesetzten Teller brav geleert. Ich habe Risotto und Nudeln, einen Cocktailsalat, Lamm und Fisch im Bauch und nun kann ich nicht mehr. Leider ist noch nicht einmal die Hälfte geschafft. Während ich am sechsten Gang, einer kleinen, aber widerspenstigen Kalbsroulade, herumnage, fällt mir auf, dass die Kellner nicht nur Kalbsrouladen bringen, sondern auch Alufolie. An allen

Tischen wird nun damit geraschelt und gepackt. Es ist nämlich durchaus üblich, dass man das Essen mit nach Hause nimmt, wäre ja auch schade drum. Das erklärt wahrscheinlich auch die großen Handtaschen der Damen.

Irgendwann zwischen dem siebten und dem neunten Gang verschwindet mein Schwiegervater. Ursula geht los, um ihn zu suchen, kommt jedoch nach ein paar Minuten wieder, ohne ihn gefunden zu haben. Was, wenn er einen Herzinfarkt auf dem Klo hatte? Oder in der Küche mit dem Koch streitet? Sara fragt den Fotografen Anselmo, doch auch er hat Antonio nicht gesehen.

»Kannst du mal nach ihm sehen?«, bittet mich Sara, die sich ernsthafte Sorgen macht, weil Antonio schon einmal verloren gegangen ist.

Damals machte er mit Ursula eine Busreise nach Wien und verschwand bei Nürnberg auf dem Rastplatz. Stunden später, Ursula war schon ganz aufgelöst und hatte die Polizei eingeschaltet, rief er bei Sara und mir an. Seine Stimme klang, als sei er im Weltraum, aber er war nicht im Weltraum, sondern in Prag. Nach der Pinkelpause war er nämlich in den falschen Bus eingestiegen und mit einem Kegelclub aus Wiesbaden nach Tschechien gefahren. Die Leute seien so nett gewesen, erzählte er hinterher. Deshalb habe er gar nicht gemerkt, dass er im falschen Bus saß. Im Übrigen sei Prag viel schöner als Wien, und da müsse Ursula mal hin, das lohne sich wirklich.

Ich suche also nach Antonio in der Küche, auf dem Parkplatz, in einer benachbarten Bar und schließlich auf dem Herrenklo, wo ich aber nur zwei kleine Jungs beim Rauchen erwische.

Schließlich gehe ich an Saal eins vorbei, wo die andere Gesellschaft feiert. Und wen sehe ich da? Antonio, der wild gestikulierend vor dem Hochzeitspaar steht und auf die beiden einredet. Die anderen Gäste beobachten die Angelegenheit mit größter Spannung. Ich laufe hin und erreiche die Szene gleichzeitig mit einem ziemlich korpulenten Herrn, der mich anschaut, als sei er das Strafgericht und ich totgeweiht.

»Toni, da bist du ja.«

»Wo seide ihr denn alle? I komme da vom Klo unde alle sind weg.«

Es stellt sich heraus, dass mein Schwiegervater auf der falschen Hochzeit friedlich zwei Gänge eingenommen hat, dann aber von einem Grobian vertrieben wurde, der behauptete, Antonio sitze auf seinem Platz. Daraufhin hat er sich beim Brautpaar über die miese Behandlung beschwert und ihnen mitgeteilt, dass er nicht viertausend Kilometer (Antonio-Zahl) gefahren sei, um sich von einem Fettwanst ohne Manieren wie jenem da drüben den Tag vermiesen zu lassen, und dass so etwas in Deutschland vollkommen unmöglich sei.

Besagter Fettwanst ist der Bruder des Bräutigams. Just in dem Moment, als sich Antonio eine Tracht Dresche erquatscht hat, erscheine ich auf der Bildfläche. Der Bruder knöpft sich die Manschetten auf. Mein Beitrag zur gewaltfreien Lösung des Konfliktes erschöpft sich mangels Sprachkenntnis darin, dass ich Antonio am Arm ziehe. Der merkt gar nicht, dass er mit seinem Leben spielt.

»Toni, komm jetzt.«

»Das iste nicht die Art, wie man Gäste behandelte.«

»Das ist auch nicht die Hochzeit, auf der du eingeladen bist.«

»Iste nicht?«

»Sieht diese Frau vielleicht aus wie deine Nichte Pamela?«

Nein, wirklich nicht, denn diese Braut ist ganz bemerkenswert hübsch. Das kann Antonio unmöglich entgangen sein.

»Ahhh, falsche Tanze.«

Unpassenderweise fängt mein Schwiegervater nun an zu lachen, was der Fettsack auf sich bezieht und an seinem anderem Arm zieht. Nun zeigt Antonio ein Kunststück, das ich bei ihm schon ein paar Mal gesehen habe: sofortiges Einwickeln der Gegenpartei in Krisensituationen durch massives Vollsülzen. Innerhalb von wenigen Augenblicken wechselt die Stimmung. Schließlich gibt er dem Dicken die Hand, dann stellt er sich den Brautleuten vor und sagt zu mir: »Wir sinde herzelich eingeladen auf diese wundervolle Feier.«

»Toni, wir sind vor allen Dingen oben herzlich eingeladen. Wir hauen jetzt ab.«

Schließlich eise ich ihn von seinen neuen Freunden los und wir gehen wieder hinauf.

»Wie hast du das gemacht? Was hast du denen erzählt?«

»Nur habe gesagt, dass der Wein auf unsere eigene Hochzeit schmeckte wie Eselpisse und hatte deshalb die Wunsch, eine ordentliche Wein zu trinken, und diese Hochzeit iste viele besser als oben und deshalb er muss zufrieden sein für die Ehre, die ich ihm erwiesene habe.«

Na, das wird Paolo aber freuen.

Als wir wieder im Liberace-Memorial-Saal ankommen, ist der elfte Gang vorüber, was mich nicht gerade verstimmt. Ursula und Sara sind sehr erleichtert, uns zu sehen, Pamela ist inzwischen unter ihrem Make-up zerflossen und Paolo guckt unter seinem Ölhaufen hervor, als bereue er die ganze Veranstaltung zutiefst. So sieht müdes Liebesglück aus. Kein Wunder, dass Anselmo die Hochzeitsnachtsfotos bereits letzte Woche gemacht hat. Bei den beiden wird, konstatiere ich, heute mit absoluter Sicherheit nichts mehr vollzogen – und die Ehe schon gar nicht. Die Veilchentante neben mir ist eingeschlafen und brummt dabei ein Lied. Aber nun kommt Bewegung in die Feier, denn die Torte naht.

Es handelt sich dabei um ein riesiges, mehrstöckiges Ungeheuer aus Butter, Eiern, Sahne und Zucker in den Farben Rosa, Altrosa, Magenta, Violett und Weiß. Für die Präsentation dieses diätischen Albtraums wird der Saal verdunkelt, dann tragen vier Mann das Monstrum herein, auf dem Wunderkerzen abbrennen. Brupps! Die Alte neben mir wird schlagartig wach und stößt dabei mein Wasserglas um.

So ein Stück Torte, sozusagen als Betthupferl, das finde ich nicht übel, doch bis ich eines bekomme, soll noch ein Stündchen vergehen, denn nun muss Anselmo erst das gute Stück fotografieren. Damit nicht genug, jeder soll mal an der Torte stehen. Zuerst natürlich das Brautpaar, danach das Brautpaar mit den Eltern. Dann mit den Großeltern. Dann mit den Geschwistern. Mit den Cousinen. Mit den Onkeln. Mit den Tanten. Mit den Onkeln *und* den Tanten. Mit dem Priester. Und so weiter und so fort. Schließlich gibt es auch noch ein Bild, auf dem Sara und ich mit dem Brautpaar zu sehen sind. Und eines mit Vasco, Benito, einem Greis ohne Zähne, mir und dem Brautpaar. Ich nehme an, dass Anselmo das lustig fand.

Nach der Torte bin ich ein klein wenig müde. Wie sollen sich da erst Paolo und Pamela fühlen, die seit vierzehn Stunden auf den Beinen sind? Aber der glücklichste Tag ihres Lebens ist noch lange nicht vorbei, denn nun geht der Spaß erst richtig los.

Erstens gibt es nämlich jetzt die Mitternachtssuppe, für alle, die seit zehn Minuten nichts mehr zu essen bekommen haben. Und zweitens wird nun eine Bontempi-Orgel nebst Musikant in den Saal geschoben. Die Zehnertische weichen in Windeseile dem wunderbaren Magic Manfredino, welcher neben falschen Zähnen auch falsche Haare sowie einen bunten Strauß falscher Töne zu bieten hat, die er in zügiger Folge unters Volk bringt.

Großes Amüsement. Und das fast nüchtern, denn hier wird wirklich wenig getrunken. Und komisch dazu, besonders als Tante Veilchen sich in den Kopf setzt, mit mir zu tanzen. Zum Glück macht Anselmos Geselle davon ein paar hübsche Aufnahmen.

Antonio und Ursula sind längst ins Bett gegangen, möglich, dass sie auch nur die Hochzeit gewechselt haben, ich schaue später lieber noch einmal nach. Vasco tanzt mit der Braut und alle klatschen. Meine Sara fegt mit Onkel Egidio übers Parkett, der Transvestit hängt an einem älteren Mann mit Glatze, dem das gefällt. An den abgerückten Tischen sitzen die Alten und stecken die Köpfe zusammen. Magic Manfredino ist ein Entertainer alter Schule. Er steigert sein Programm, indem er erst internationale Evergreens, dann jüngere Schlager und schließlich traditionelle Volksweisen spielt.

Später schnappe ich mir meine Sara und wir tanzen endlich. Im Gegensatz zu mir kommt sie mit der Tarantella gut klar, aber es achtet niemand darauf. Neben uns tanzt ein Knirps mit einer Kellnerin und es sieht nicht einmal albern aus. Hier sieht nämlich gar nichts albern aus. Mir gerät in den Sinn, dass die Würde immer direkt aus den Menschen kommt und dass es ihr egal ist, wo diese Menschen sich gerade befinden. Wir drehen uns im Ristorante Mazzini, erste Etage, Saal zwei. Es ist eine wunderbare Nacht.

Marie Luise Kaschnitz

Der Strohhalm

Kurz vor zwölf Uhr mittags habe ich den Brief gefunden. Ich habe ihn wirklich gefunden, nicht danach gesucht, ihn nicht beim Anzugbürsten aus der Tasche geholt. Er hat aus einem Buch hervorgeschaut, und das Buch hat nicht auf Felix' Nachttisch gelegen, sondern auf dem Tisch im Wohnzimmer, auf dem immer die Zeitungen liegen und der jedermann zugänglich ist. Ich habe auch nicht den ganzen Brief gelesen, sondern nur die ersten paar Worte: So große Sehnsucht hab' ich nach Dir, geliebtes Herz. Diese Worte habe ich zuerst gar nicht verstanden, ich habe überhaupt nur die Schrift ansehen wollen, eine freie Schrift mit großen, schönen Unterlängen und manchmal Abständen zwischen den Buchstaben, kontaktscheu bedeutet das, habe ich gedacht, und dann habe ich überhaupt erst begriffen, was da stand, und ich habe lachen müssen, obwohl es natürlich gar nichts zu lachen gab. Auf den Gedanken, dass der Brief an den Felix gerichtet sein könnte, bin ich erst nach einigen Augenblicken gekommen. Ich habe danach nicht weitergelesen, nur noch bis zum Ende der Seite, lauter zärtliche Worte, und dann habe ich den Brief zurückgelegt und das Buch wieder zugemacht. Ich bin in die Küche gegangen und habe gedacht, da muss doch etwas gewesen sein, das schreibt man doch nicht so von ungefähr. Ich habe angefangen, die Vorbereitungen für das Mittagessen zu treffen, Schürze vorbinden, Fett in die Pfanne, Zwiebelschneidemaschine, rundes Glashäuschen, das stampft und dreht sich, man braucht die Zwiebeln gar nicht mehr anzufassen, man vergießt keine Tränen mehr. Man vergießt auch sonst keine Tränen mehr. Weinen ist unmodern, wie früher schon das In-Ohnmacht-Fallen, Zeit der Großmütter, da stand aber auch gleich das Stubenmädchen dabei oder eine dicke Köchin zum Auffangen und Korsettschnüre-Lockern und Sagen: Nehmen Sie es sich nicht so zu Herzen, so sind die Männer, meiner war nicht anders, oder einfach: Arme gnädige Frau. Ich bin nicht in Ohnmacht gefallen, ich habe auch nicht geweint, das Fett hat so lustig geprasselt, zum Weinen war ja auch kein Grund. So, habe ich gedacht, jetzt das Fleisch aus dem Eisschrank, Tür auf, Tür zu, ein komisches Geräusch ist dieses Zufallen von Kühlschranktüren, weich und schmatzend und doch fest, ein unsympathisches Geräusch, so endgültig immer, als sei es das letzte Mal. Das letzte Mal Kühlschrank, das letzte Mal zusammen Mittag essen, wie ist's dir ergangen, hat jemand angerufen, alles das letzte Mal. Warum denn eigentlich? Was ist denn geschehen? Nichts ist geschehen, vieles ist geschehen, einen Schlag habe ich bekommen, wie wenn man in einen defekten Kontakt greift, nur dass ich es nicht wahrhaben will. Nein, ich hab' es nicht wahrhaben wollen, ich habe das Fleisch in die Pfanne gelegt zum Anbraten, die Schnitzel, nackter roter Bauch, schön goldbraun jetzt, nackter roter

Rücken, schön braun. Nein, schlecht darf mir nicht werden, habe ich gedacht und habe die Pfanne weggestellt und mich an den Tisch gesetzt, um die Kartoffeln zu schälen, aber auch um nachzudenken, und als ich die erste Kartoffel geschält habe, bin ich sehr zornig geworden und habe gedacht, ich kann mir so etwas erlauben, aber der Felix nicht. Ich kann mir erlauben, den Männern die Köpfe zu verdrehen, weil ja doch alles gelogen ist, nichts als Dummheiten und Zeitvertreib und nur für den einen Augenblick, dass man die fremden Augen aufleuchten sieht, dass man weiß, man wird geliebt. Aber Männer sind eben anders, bei Männern genügt das nicht ...

Sechs Kartoffeln habe ich geschält, und dann habe ich Schluss gemacht, weil ich doch keinen Hunger hatte, und nur eine wollte ich essen, weil es ja nicht auffallen sollte und der Felix auf keinen Fall etwas merken durfte, und auf keinen Fall wollte ich über den Brief sprechen, weil ich schon gewusst habe, dass Worte etwas Furchtbares sind, und erst, was man mit Worten ausspricht, ist wirklich wahr. Also habe ich die Schürze abgenommen und bin ins Schlafzimmer gegangen, um mich zurechtzumachen und glückliche junge Frau zu spielen, und später würde man weitersehen. Aber gerade, als ich über den Flur gegangen bin, hat es geschellt. Ich habe zuerst gar nicht aufmachen wollen, weil ich plötzlich Angst gehabt habe vor jedem, der da hätte kommen können, vor aller Welt. Aber ich habe dann doch aufgemacht, und es ist nur ein Päckchen von der Drogerie abgegeben worden, das habe ich ausgepackt und die Sachen im Badezimmer versorgt. Das muss sie jetzt alles lernen, habe ich gedacht, was für Seife, was für Zahnpasta, und bei dem Rasierapparat ist ein Trick, wenn man den nicht weiß, funktioniert er nicht. Das Bett machen, das muss sie auch lernen, um Gottes willen gut einschlagen, und die Wärmflasche ganz nach unten, aber vielleicht will er die dann gar nicht mehr. Eine Wärmflasche, wo denkst du hin, Liebling, ich bin doch kein alter Mann. Nein, natürlich, nichts will er so, wie er es hier gehabt hat, keine Lavendelseife, keine harte Zahnbürste, alles anders; alles neu. Noch einmal alles ganz neu.

So habe ich vor mich hin geredet, während ich im Badezimmer auf dem Rand der Wanne gesessen bin, und in den Spiegel hab' ich dabei gesehen. Nicht mehr ganz jung, ein paar Falten, vom Lachen, vom Nachdenken, vom Leben einfach, von der Zeit, die vergeht. Falten sind wie Wege auf einer Landkarte, lauter gemeinsame Wege mit ihm. Ich habe aber nicht daran gedacht, ob die Frau, die ihm den Brief geschrieben hat, jünger sein könnte als ich, und überhaupt habe ich mir gar nicht überlegt, wer es sein könnte, das war mir egal. Ich habe mir das Gesicht gewaschen und bin dann wirklich ins Schlafzimmer gegangen, und dabei habe ich gedacht, die Wohnung muss er mir lassen, das wäre ja noch schöner, schließlich kann er sie ja nicht in mein Bett legen, und überhaupt, wer fortwill, zieht aus. Wenn ich die Wohnung behalte, kann ich vermieten, das Vorderzimmer zum Beispiel, da kann man in die Ecke die Couch als Bett stellen, eine hübsche Decke ist auch noch da. Den Schrank aus dem Vorplatz, Fächer für die Wäsche muss man hineinmachen lassen und Kleiderbügel kaufen. Die Lampe mit dem grünen Schirm, nein, die passt nicht, ich muss den Schirm anders überziehen. Schrankpapier muss ich auch kaufen, das hübsche rosa mit den Wellenlinien oder das mit den Schiffchen, das wollte ich schon lange.

Über diese Gedanken hab' ich mich dann selbst lustig gemacht, was einem so alles in den Sinn kommt, nicht wahr, und vielleicht ist der Brief ganz alt, und vielleicht ist alles schon längst vorbei. Vielleicht ist es noch nicht vorbei, aber es kann vorbeigehen. Und dann sind mir die Ratschläge eingefallen, die für solche Lebenslagen immer in den Briefkästen der Frauenzeitschriften stehen, die Ratschläge von einer, die sich Tante Anna oder Tante Emilie nennt. Nämlich, dass man den Tisch ganz besonders hübsch decken soll und sein neuestes Kleid anziehen und die Löckchen zurechtzupfen, und: Möchtest du nicht ein Glas Wein, Liebster, mir ist heute so nach Feiern zumute.

Indessen hat das Telefon geläutet, aber nur einmal, wie es manchmal vorkommt, wenn einer merkt, dass er die falsche Nummer gewählt hat und den Hörer ganz rasch wieder niederlegt. Es ist mir aber dabei eingefallen, dass es leicht möglich war, dass der Felix vom Büro anruft, und warum habe ich denn plötzlich Tränen in den Augen? Aber das macht nichts, er sieht mich ja nicht. Er hört nur meine Stimme, und meine Stimme ist ganz sanft und fröhlich. Was sagst du? Du kommst nicht zum Essen? Ob das etwas macht? Aber natürlich nicht. Gar nichts macht das. Ich bin sogar froh. Ich hab' noch zu bügeln, und ich wollte auch später gern zum Friseur. Nein, ich habe gar nichts Besonderes vorbereitet. Ich habe noch nicht einmal angefangen zu kochen. Geht es dir gut, Liebster? Mir? Wunderbar. Es ist ja so ein schöner Tag. Auf heute Abend, ja ...

Ja, so wollte ich es machen, ganz leicht, ganz frei. Und so wollte ich auch mit ihm reden, wenn er kam.

Eigentlich hätte er ja jetzt schon da sein müssen. Es war halb zwei Uhr vorbei, und er kam immer eher pünktlich nach Hause. Er hatte auch immer großen Appetit mittags, und er wusste, dass es an dem Tag Schnitzel gab, die er sehr gern aß. Aber vielleicht wusste er das auch gar nicht mehr. Vielleicht kam er so spät, weil er noch mit ihr zusammen in einer Bar saß und etwas trank, und gerade jetzt vielleicht schaute er auf die Uhr und sagte: Es ist halb zwei vorbei, sie wartet, ich muss nach Hause.

Sie wartet, habe ich gedacht. Sie, das bin ich. Man darf mich nicht warten lassen. Man hat Angst vor mir. Aber das ist nicht das Wichtige. Das Wichtige ist die dritte Person. Ich bin die dritte Person. Die dritte Person, die böse Person, der Störenfried, »sie«. Ich bin die gelbe Blume mit dem einen sonderbaren Blütenblatt und der langen roten Zunge, und jetzt soll er mir noch einmal auf den Leim gehen, kleine Vorspeise, Thunfisch mit Erbsen, jawohl, Tante Emilie, vielen Dank für den guten Rat. Er wird ihn nicht hindern, plötzlich das Messer und die Gabel hinzulegen und zu sagen: Entschuldige, aber ich liebe dich nicht mehr, entschuldige, aber, bitte, gib mich frei.

Natürlich wollte ich ihn freigeben. Bitte, geh nur, viel Glück auf den Weg. Ich brauche dich nicht zum Leben, kein Mensch braucht einen anderen zum Leben, ich brauche auch die Wohnung nicht, und ich will auch kein Geld von dir. Ich kann in meinem alten Büro arbeiten, ich hätte das schon längst tun können, aber du hast es nicht gewollt. So ein Büro ist etwas Nettes: Guten Morgen, Herr Schneider, viel Post heute? Guten Morgen, Fräulein Lili, ist es besser mit dem Zahnweh? Herrgott, können die nicht anständig heizen hier? Was ich sagen wollte, die Geburtstagsfeier für den Chef ...

Das ist mir durch den Sinn gegangen, während ich am Fenster gestanden und hinausgeschaut habe, aber durch die Gardinen, damit der Felix mich nicht da stehen sah. So ein schöner Februartag war das, blitzend und funkelnd, und jedes Jahr vergisst man wieder, wie stark das Licht im Februar schon sein kann, und jetzt rollen sie die Feuerräder von den Bergen und werfen die hässlichen Strohpuppen in den Brunnen, wir haben das einmal zusammen gesehen, der Felix und ich. Wir haben schon vieles zusammen erlebt, was herrlich war, und jetzt will er sich wahrscheinlich daran gar nicht mehr erinnern, jetzt soll alles nicht mehr gelten und grau und tot sein, und das ist das Schlimmste von allem, dass es die Zukunft nicht mehr geben soll, aber die Vergangenheit auch nicht, die wird gleich mit in den Brunnen geworfen, die hässliche gelbe Strohpuppe, jetzt kommt der Frühling, jetzt wird alles ganz neu.

Indessen habe ich zweimal einen Schritt zurücktreten müssen, weil Bekannte vorbeigekommen sind, der Studienrat Wehrle von nebenan und die Frau Seidenspinner von Nummer fünf. Ich habe mir vorgestellt, wie sie dann reden würden: Haben Sie schon gehört, die arme Frau, und schlecht ist mir geworden, weil ich Mitleid nicht vertragen kann. Mitleid ist die warme Brühe mit Fettaugen und eine furchtbare Anmaßung, wer ist schon die Frau Seidenspinner, dass sie sich Mitleid mit mir erlauben darf. In Todesfällen meinetwegen, da ist der liebe Gott persönlich am Werke, da gibt es kein Versagen, da ist er heimgegangen, liebe Worte auf den Lippen, du warst mir alles, und alles war schön. Da heißt es dann nachher nicht, sie hat sich in der letzten Zeit ziemlich gehen lassen, und eigentlich verdenken kann man es ihm nicht.

Ach, dummes Zeug, habe ich gedacht, was gehen mich die Nachbarn an. Ich würde auch nicht zu ihnen hinrennen und mich beklagen wie die Herta damals und sagen: Nach so vielen Ehejahren, und immer bin ich ihm eine gute Frau gewesen, können Sie das verstehen? Denn natürlich bin ich dem Felix keine gute Frau gewesen, sonst würde er nicht fortwollen und sich nicht zärtliche Briefe schreiben lassen und vielleicht selber zärtliche Briefe schreiben und Angst haben vor dem Heimkommen, und wie sag ich's ihr nur.

Währenddem hab' ich immer noch zum Fenster hinausgesehen, und auf einmal ist ein Mann um die Ecke gekommen, der hat seine Gestalt gehabt und auch seinen Gang und einen dunkelblauen Wintermantel, und mein Herz hat einen Sprung gemacht, wie wenn ein Flugzeug plötzlich absackt, und ich habe versucht, ein harmloses Gesicht zu machen, und schon gemerkt, ich kann das nicht. Der Mann ist näher gekommen und war gar nicht der Felix, sondern ein Fremder, und ich habe gedacht, was soll die Komödie, und ich könnte eigentlich auch gleich fortgehen, noch bevor er kommt. Ich könnte in die Stadt gehen und mich in ein Caféhaus setzen, in das traurige, staubige bei der Börse, da sind so viele Spiegel, da sitze ich hundertmal, hundertmal dieselbe verlassene Frau. Ich könnte dort in Zeitschriften blättern und rauchen und in die Luft schauen, ein paar Stunden bringt man damit herum. Nach ein paar Stunden könnte ich in ein Kino gehen, eine Vorstellung und noch eine Vorstellung, und dann ist es schon Nacht. Da ist es schon Nacht, und Felix muss die Polizei anrufen, sehr peinlich wird ihm das sein. Ihre Frau, sagen Sie, ist abgängig? Wie bitte? Was sie angehabt hat? Ja, das weiß ich nicht.

Es war jetzt gleich zwei Uhr, und ich habe nicht mehr stehen können. Ich habe mich auf einen Stuhl gesetzt und das Radio angedreht, und wie immer, wenn man etwas Erbauliches oder etwas Erholsames hören will, sind die Wasserstände gekommen, alle Flüsse des Landes, zum Aussuchen, und die Weser hat am meisten Wasser gehabt, aber die Weser ist sehr weit weg. Und dann hat wieder das Telefon geläutet, aber diesmal nicht nur ein einziges Mal. Ich habe gewusst, diesmal ist es wirklich der Felix, und er war es auch. Ich habe mich noch genau erinnert, was ich ihm sagen wollte, so wie ich es vorher geprobt hatte, leise Stimme, sanfte Stimme, aber gerade in diesem Augenblick war mir so übel zumute wegen dem traurigen Caféhaus und den Flüssen und der Polizei, und es ist ganz anders herausgekommen, und zwar so:

Ach, so, du bist es. (Falsch, falsch!)

Was sagst du, du kommst nicht zu Tisch? (Ich treff den Ton nicht!)

Doch, ich verstehe schon, es ist ja auch so schönes Wetter.

Davon hast du nichts? Nein, natürlich nicht.

Ich bin komisch? Wieso bin ich komisch?

Nein, es ist nichts geschehen. Wenigstens nichts, was dich interessieren könnte.

Warum nicht? Ich glaube, das weißt du besser als ich. Und so weiter. Immer in diesem grauenhaften, beleidigten Ton, den ich nicht gewollt habe, aber so hat sie aus mir heraus geredet, die Strohpuppe, so gedrückt und gequetscht, so widerlich, und schließlich habe ich überhaupt nur noch geredet, damit er den Hörer hinwirft, damit Schluss ist, Schluss mit dem allen. Und weil er den Hörer nicht hingeworfen hat, bin ich einfach still gewesen, ganz still, die Muschel ans Ohr gepresst. Bist du noch da?, hat er gefragt, ganz lieb, ganz ratlos, und hat dann schließlich eingehängt, und ich habe auch eingehängt und habe dagestanden und mich gehasst, und ihn habe ich auch gehasst, weil er schuld war, dass ich mich so benommen habe, dritte Person, böse Person, Strohpuppe in den Brunnen geworfen, adieu. Und danach habe ich gedacht, jetzt könnte ich auch ebenso gut den Brief zu Ende lesen, jetzt war ich ja so, wie sie es sich vorstellten, und wahrscheinlich bin ich immer so gewesen, solange ich lebe, die ganze Zeit.

Ich bin also ins Wohnzimmer gegangen und habe den Brief aus dem Buch gerissen und mir eine Zigarette angesteckt, längst hätte ich das tun sollen, und warum denke ich immer in zwei Stockwerken, und oben heißt es, es gibt keine glücklichen Ehen, und unten heißt es, ach komm doch zurück. Ich fange also an, den Brief noch einmal zu lesen, ganz schnell die erste Seite, die kenne ich schon, auf der zweiten steht nur ganz wenig und auf der dritten und vierten gar nichts mehr. Auf der zweiten Seite steht, sind es nur noch fünf Tage, eigentlich viereinhalb. Vergiss nur nicht bei dem Wäschegeschäft vorbeizugehen, die Sachen müssen längst fertig sein. Leb wohl, liebster *Franz*, ich umarme Dich, gib Acht auf Dich, Maria.

Leb wohl, liebster Franz, gib Acht auf Dich, leb wohl, liebster Franz, gib Acht auf Dich, zehnmal hab' ich das wiederholt und bin dann in ein törichtes Gelächter ausgebrochen, weil der Brief überhaupt nicht an den Felix gerichtet war, sondern an einen Herrn namens Franz Kopf, der Name hat auch in dem Buch gestanden, und das Buch war eine Betriebswirtschaftslehre, und außer dass er sich dieses Buch von einem unordentlichen Herrn ausgeliehen hat, hat der Felix mit der ganzen Sache überhaupt nichts zu tun. Das hab' ich mir gesagt, aber es ist mir furchtbar schwer eingegangen, und eigentlich hätte ich jetzt doch herumspringen und lachen und singen müssen, aber keineswegs. Ich habe dagesessen und gestiert, und es ist mir gewesen, als sei ich in einen tiefen Brunnen gefallen und sei nun im Begriff, wieder herauszuklettern, aber komisch, ich komme nicht ganz bis oben hin, und es wird nicht wieder ganz hell.

Den ganzen Nachmittag habe ich versucht, aus dem finstern Brunnen zu steigen, und am Abend war ich endlich so weit und guter Dinge, und als der Felix gekommen ist, habe ich gelacht und gesagt: Entschuldige, ich war so grantig am Telefon, ich habe scheußliches Kopfweh gehabt, aber Gott sei Dank, das ist jetzt vorbei. Es muss wohl vorbei sein, hat der Felix gesagt, du siehst ganz rosig aus. Aber dann hat er plötzlich gefragt: Was hast du denn da, und hat seine Hand ausgestreckt und hat mir etwas aus den Haaren gezogen, einen langen, bleichen Strohhalm – und bitte: Wo kam der her?

Amelie Fried

Liebes Leid und Lust

Sein Besuch im »Limelight« beschäftigte André; immer wieder kehrten seine Gedanken zurück zu jenem Abend.

Als er die Treppe runtergekommen war, hatte Karl an der Bar gewartet und grinsend gesagt: »Einer Versuchung begegnet man am besten, indem man ihr umgehend erliegt!«

»Blödmann«, hatte André verlegen geantwortet.

Die Rechnung hatte fünfzehnhundert Euro betragen, was Karl nicht zu beeindrucken schien. Offensichtlich war er nicht zum ersten Mal in diesem Etablissement gewesen.

»Danke für die Einladung«, hatte André gemurmelt, als sie draußen waren.

»Keine Ursache«, hatte Karl gesagt, »es war höchste Zeit, dich ein bisschen zu verderben!«

Und nun fragte sich André, ob er Bea davon erzählen sollte. Das schlechte Gewissen plagte ihn, er ertrug es nicht, ein Geheimnis vor ihr zu haben.

Er stellte sich selbst die üblichen Therapeutenfragen: Welche Bedeutung hatte dieser Abend für Sie? Warum wollen Sie Ihrer Frau davon erzählen? Dient dieses Geständnis Ihrer Entlastung, oder erhoffen Sie sich davon die Verbesserung Ihrer Beziehung? Was wird die Erzählung voraussichtlich in Ihrer Frau auslösen? Was wird ihre Reaktion voraussichtlich in Ihnen auslösen? Werden Sie beide mit den Folgen dieses Geständnisses umgehen können?

Wenn er ehrlich zu sich war, trieb ihn – genau wie Karl – das Bedürfnis nach Absolution. Er wollte sich nicht mehr schuldig fühlen müssen, deshalb hoffte er, Bea würde ihm verzeihen, obwohl sie bestimmt verletzt sein würde.

Andererseits, warum fühlte er sich überhaupt schuldig? War es wirklich Betrug, die Dienste einer Prostituierten in Anspruch zu nehmen? Es lief so geschäftsmäßig ab, frei von Emotionen und Verbindlichkeiten. Genau darin lag ja die Faszination, aber natürlich auch der Grund dafür, dass noch so häufige Bordellbesuche kein Ersatz für ein erfülltes Liebesleben waren.

Er hatte Bea nicht geschadet, ihr nichts weggenommen – im Gegenteil, er würde ihr einmal weniger lästig fallen.

Sie waren für den Abend verabredet, Bea wollte mit ihm einen großen Abschluss feiern. Die Besetzung einer kompletten Vorabendserie war ihrer Casting-Firma anvertraut worden, das würde nicht nur viel Geld bringen, sondern bedeutete auch einen Sieg über ihren größten Konkurrenten, der ihr solche Aufträge bisher meistens weggeschnappt hatte.

Um halb acht betrat er sein italienisches Lieblingsrestaurant, wo er seit dem Studium Stammgast war. Einer der Kellner von damals arbeitete noch heute hier; er hatte vor kurzem eine junge Frau geheiratet und war mit fast sechzig Vater geworden.

»Ciao, Gianni«, sagte André lächelnd, »wie geht es Ihnen?«

»Gut«, strahlte der alte Kellner, »Frau hält mich jung. Und mein Sohn ist ein Geschenk, una meraviglia!«

»Wie schön«, sagte André lächelnd.

Die Menschen gaben die Hoffnung auf Liebe einfach nicht auf, und obwohl er wusste, wie hoch die Wahrscheinlichkeit für ein Scheitern war, hoffte André immer mit.

»Ist meine Frau schon da?«

»Sitzt draußen im Garten«, sagte Gianni, »ich habe Ihnen besten Platz reserviert.«

André bedankte sich lächelnd.

Es war noch früh, wenige Tische waren besetzt. Das würde sich schnell ändern, wie er aus Erfahrung wusste; spätestens um Viertel nach acht war der Laden voll.

Bea sah im lächelnd entgegen; sie trug ein knallrotes Kleid, vor ihr leuchtete ein Glas Campari im selben Farbton, grüne Weinblätter bildeten den Hintergrund. Er wusste nie, ob solche Bilder Zufall waren oder geschickte Inszenierung; Bea hatte ein ausgeprägtes Gefühl für die Ästhetik des Augenblicks.

Er liebte es, sich mit seiner Frau außerhalb ihrer gewohnten Umgebung zu treffen; er sah sie dann mit anderen Augen, wie eine Fremde oder wie jemanden, den er nur vom Sehen kannte. Er stellte sich manchmal vor, es sei ihre erste Begegnung, ein Blind Date, dann gelang es ihm fast, die gleiche Aufregung zu spüren wie vor zwanzig Jahren.

Er fragte sich, ob andere sie ebenso wahrnahmen wie er: eine in sich ruhende, elegante Frau mit einer Ausstrahlung, die die Aufmerksamkeit ihrer Umwelt auf sich zog. Eine Frau, bei der man in jedem Moment das Gefühl hatte, sie befände sich genau in diesem Moment auf der Höhe ihrer Attraktivität.

Er lächelte zurück. Eine leichte Beklommenheit stieg in ihm hoch, die er schnell wegschob.

»Hallo, meine Schöne«, sagte er und beugte sich hinunter, um sie zu küssen.

»Hallo, mein Pascho«, erwiderte sie und bot ihm den Mund. Er küsste sie auf die Lippen und hoffte, dass ihr Lippenstift kussecht war.

Sein zweiter Vorname war Paul, aus »Paul Schott« hatte Bea schon zu Beginn ihrer Bekanntschaft »Pascho« gemacht; ihren Sohn nannte sie »Mini-Pascho«, was angesichts seiner Größe von einem Meter achtundachtzig ziemlich komisch wirkte. André mochte seinen Kosenamen, nur wenn andere Leute dabei waren, legte er Wert darauf, dass Bea ihn bei seinem Vornamen nannte. Daran hielt sie sich, meistens jedenfalls.

»Wie war dein Tag?«, wollte sie wissen. »Hast du wieder ein paar arme Schweine fürs Leben im Haifischbecken fit gemacht?«

Bea war der Ansicht, seelische Probleme wären nur der Ausdruck unserer kranken Gesellschaft; eigentlich würden die Patienten gesunde Reaktionen zeigen auf das absurde Treiben, das rundum stattfand. André neigte gelegentlich dazu, ihr zuzustimmen.

»Habe ich«, bestätigte er, »und vorhin bin ich dreißig Kilometer geradelt und könnte jemanden anfallen vor Hunger.«

»Bitte sehr«, lächelte sie und hielt ihm ihren Arm vors Gesicht.

Spielerisch biss er hinein. »Köstlich«, sagte er, »ich fürchte dennoch, ich werde mich für ein Ossobuco entscheiden müssen.«

Sie beratschlagten, welchen Wein sie bestellen sollten; er schlug einen Barolo vor, den er normalerweise im Restaurant nicht trank, weil er ihn meist zu teuer fand.

»Was ist los?«, sagte Bea überrascht. »Schlechtes Gewissen?«

»Ich, wieso?«, fragte André erschrocken und überlegte, ob Karl Bea etwas erzählt haben könnte.

»Es gibt immer Gründe, ein schlechtes Gewissen zu haben«, sagte Bea, »Pornoseiten im Internet, heimlich wieder mit dem Rauchen angefangen, anderen Frauen schöne Augen gemacht, sag's mir lieber gleich, dann haben wir's hinter uns.«

André begriff erleichtert, dass sie Spaß machte. Er nahm ihre Hand und küsste sie.

»Für dich ist das Beste gerade gut genug.«

»Schleimer«, sagte sie unbeeindruckt.

Sie bestellten, Gianni brachte den Wein und räumte das inzwischen fast leere Campari-Glas weg. Das dunklere Rot des Barolo passte nicht ganz so perfekt zu Beas Kleid wie der Aperitif.

»Ich muss dir was gestehen«, sagte sie.

»Ja?«

Bea lachte auf. »Schau nicht so entsetzt! Ich habe keine Affäre, falls es das ist, was du befürchtest.«

Obwohl er an diese Möglichkeit nicht gedacht hatte, war er doch erleichtert. Eigentlich war es ziemlich leichtsinnig, bei einer attraktiven Frau wie Bea diese Möglichkeit nicht in Betracht zu ziehen.

»Was ist es dann?«

»Ich will im September ein paar Tage mit Mama verreisen.«

»Na und, wo ist das Problem?«

»Es ist genau in der Woche, in der du deine Vortragsreise machst. Mama kann wegen ihrer Behandlungen nur in dieser Zeit.«

Eine Reise durch die Provinz. Sein Verlag hatte ihn gebeten, noch ein paar Lesungen aus seinem Buch »Krise als Chance« zu machen. Bea hatte ihn begleiten wollen, und er hatte sich darauf gefreut, tagsüber nicht allein durch die Städte zu streifen und abends nach den Lesungen nicht einsam in irgendeiner Kneipe zu sitzen.

Er unterdrückte seine Enttäuschung. »Schade, aber das versteh ich natürlich. Dann verreisen wir eben ein andermal zusammen.«

»Ich mache mir Gedanken wegen Paul«, sagte Bea, die zu abrupten Themenwechseln neigte, »er ist so verschlossen, erzählt nichts mehr, ich weiß kaum noch, wo er ist und was er so treibt.«

»Das ist sein gutes Recht«, erwiderte André, »in einem halben Jahr ist er volljährig, er ist uns keine Rechenschaft mehr schuldig.«

»Ich würde ihm ja nichts verbieten! Ich wäre einfach nur beruhigt, wenn ich mehr von ihm wüsste. Ich bin's nicht gewohnt, dass man Geheimnisse vor mir hat.«

»Daran wirst du dich gewöhnen müssen«, sagte André. »Was Paul betrifft, meine ich.«

»Ist Geheimniskrämerei typisch für sein Alter oder typisch für Männer?«, wollte Bea wissen.

»Das fragst du mich?«, lachte André. »Ich bin ein offenes Buch, wie du weißt. Und denk nur an Karl;

kaum hatte der gesündigt, schon musste Rena ihm die Beichte abnehmen.«

»Würdest du beichten, wenn du gesündigt hättest, oder würdest du's für dich behalten?«, fragte Bea und sah ihn forschend an.

»Was wäre dir lieber?«, fragte André zurück und versuchte, seiner Stimme einen scherzhaften Klang zu geben.

Bea blieb ernst. »Ich weiß es nicht. Spontan würde ich sagen, ich will alles wissen. Aber wenn ich länger darüber nachdenke – vielleicht würde ich es nicht aushalten. Ich hoffe einfach, dass du nichts tust, was uns in Gefahr bringt.«

André war plötzlich sehr erleichtert.

»Ganz bestimmt nicht«, sagte er im Brustton der Überzeugung.

»Sollen wir nächsten Sommer ein großes Fest machen?« Beas Augen glänzten.

»Nächsten Sommer?«

»Zwanzig Jahre«, sagte sie, nahm seine Hand und küsste seine Fingerspitzen.

»Ist das schon unsere Silberhochzeit?«, fragte er erschrocken.

»Nein, die ist erst fünf Jahre später.«

»Natürlich können wir ein Fest machen. Und jetzt trinken wir auf deinen Erfolg.«

Sie stießen an. Der Wein war gut, auch wenn er zu teuer war.

Bea bedachte André mit einem liebevollen Blick.

»Ich finde Altwerden genauso beschissen wie du. Aber wenn es schon sein muss, möchte ich wenigstens mit dir alt werden.«

GÜNTER KUNERT

Eins plus eins gleich eins

Äußerst schwierig für einen Mann: über eine Frau schreiben. Andere Physis, andere Psyche; zu anderer biologischer Funktion geboren, zu anderer gesellschaftlicher Funktion abgerichtet durch maskuline, glorreich-katastrophale Jahrtausende. Ergebnis: die natürlich wirkende Entfremdung zwischen dem, was von Anbeginn an natürlich zusammengehört. Etwas davon ahnt eine alte indische Legende von der Weltschöpfung, derzufolge der Weltschöpfer ein einziges, glücklich in sich ruhendes Wesen schuf, das er aber dann doch mit einem Schwerthieb spaltete: Aus den beiden zur Rechten wie zur Linken niedersinkenden Teilen wurden Mann und Frau, die seitdem einander suchen, um sich zu dem einstmals seligen Geschöpf wiederzuvereinigen. Manchmal, so schließt die mündlich tradierte Geschichte, begegnen unter besonders günstigen Umständen die passenden Hälften sich wirklich aufs Neue: durch eine glückliche Ehe die Richtigkeit der Legende beweisend. Dabei handelt es sich jedoch offenkundig um nichts anderes als um die moralische Rechtfertigung des »ewigen« Suchens, das immer erneut scheitert, immer erneut ohne das ersehnte Ergebnis endet: Nie kann gefunden werden, was nicht existiert: das irreale Ideal.

Mit einer Frau zusammenleben heißt vor allem: mit einem Menschen zusammenleben. Und da es *die Frau* so wenig gibt wie *den Menschen* (was unerträglich wäre wie jede Vollkommenheit, die dem ständig mit ihr Konfrontierten das Gleiche abverlangt: oh Grauen), so bedeutet das: sich einem Menschen verbinden, dessen Unvollkommenheit der eigenen kongenial sein möge. Wir vereinen einfach unsere Schwäche, damit sie zu gemeinsamer Stärke werde.

Mit diesen allgemeinen Sentenzen nähere ich mich – man merkt es schon – dem besonderen privaten Fall. Ich wüsste ja auch gar nicht, über welche mehr oder weniger gesellschaftlich relevante Frau ich mich äußern sollte; ich empfinde es nicht als Besonderheit, dass es weibliche Arbeiter, Ingenieure, Polizisten, Politiker und Schriftsteller gibt, entgegen einem gewissen euphorischen Philo-Feminismus, der nur das alte Vorurteil, das an der Vordertür verabschiedet wurde, mit umgekehrten Vorzeichen durch die Hintertür wieder einschleppt. Wenn man in dieses Komitee, in jenen Beirat, in welches Gremium auch immer eine Frau aufnimmt, damit man eine Frau aufgenommen und damit der lästigen Pflicht der Toleranz-Reputation genüge getan hat, unter Betonung des Besonderen solchen Vorganges – das ähnelt einem geheimen Rassismus, der zwar behauptet: Neger sind auch Menschen, gleichzeitig aber auch dieses freundlich gemeinte, brutale Axiom den Unterschied neu konstituiert.

Also schreibe ich mangelnder Zuständigkeit halber über meine eigene Frau, bei der es sich um einen Menschen handelt, den ich, ohne mit sokratischer Laterne bei Sonnenschein umhergehen zu müssen, gefunden habe, und mit dem oder der ich in achtzehn Jahren so verschmolzen bin, dass dieses Verhältnis weit über andere Verhältnisse auf anderen Grundlagen hinausgeht. Sobald den einen, mich eigentlich, die Lebenskraft verlässt, als wäre man schwer verwundet, was man ja auch ist, nur nicht äußerlich sichtbar, dann vollzieht sich eine Art Vitalitäts-Transfusion, deren kein Arzt, kein Seelenklempner fähig wäre. Der Mensch, von dem die Rede geht, besitzt eine spezifische Eigenart: heiteres Gemüt (im Gegensatz zu mir), das zu einem Lachen befähigt, das mich am Leben hält. Dieser Mensch, meine Frau, von dem ich gar nicht behaupte, ihn oder doch besser: sie, bis in den letzten Freudschen Winkel zu kennen, erreicht mit ihrem Gelächter, dass ich von den Toten, zumindest von den Scheintoten, auferstehe und wandle. Was stellt dagegen die Verwandlung von Wasser in Wein dar oder die des Mondes in ein mäßig lockendes Ausflugsziel?!

Sie ist mit einem Wort, bis zu dem zu gelangen ich so viele gleichwertige brauchte: das Elementare. Elementar ist unser Zusammenleben. Im Wagen nebeneinander eingekapselt, unterwegs nach Irgendwo, wo alles Anschauliche und Ersichtliche unsere vier Augen verbindet; elementar und gemeinsam die Furcht vor Gebirgspässen, vor ungeahnten Windungen, und gemeinsam und elementar sind wir vom gleichen Schnaps betrunken. Uns binden elementare Verrichtungen und Vollzüge: schamlos und naiv – kindheitsgleich, denn im elementaren Zusammenleben wird Kindheitshaftes lebendig; sobald Dressur und

Deformation vergessen sind, melden sich frühe Lebensstadien, vorschnell beschädigt durch eine Welt, in der Kindlichkeit und Unschuld als lästiger Flaum gelten, von dem man so rasch wie möglich frei werden müsse, statt sie zu erhalten als verborgenes Gegengift. In diesem Sinne sind wir Kinder und auch in dem Sinne von François Villons berühmter Ballade.

Uns bindet das gemeinsam Schweigenkönnen und Nichtredenmüssen, um einander zu verstehen. Uns binden gemeinsame Vorstellungen, wie und was Menschen sein sollten: nämlich menschlicher Gemeinsamkeit fähig. Uns bindet der Genuss an gutem Essen, das lang andauernde Frühstück, der Schlaf. Uns bindet ein Zeit-Raum von täglich vierundzwanzig Stunden; uns beide umgibt ein durchlässiges Schneckenhaus, voll von unerheblichen Erlebnissen, von nichts sagenden Abenteuern, von banalen Gefährlichkeiten, von der Groteske des Lebens, das man gemeinsam zwar auch nicht eher begreift als allein, aber bestimmt eher anzunehmen und zu bestehen versteht.

So umschlingt uns ein Rankenwerk aus gemeinsamen Erinnerungen, aus gleichen Erfahrungen, hinter dem uns die andern langsam entschwinden und wir gewiss auch ihnen: ohne Bedauern.

Textnachweis:

Christine Brückner: *Frau Marcellus prüft die Marktlage*
Christine Brückner: *Bella Vista*
aus
Christine Brückner: Alles geht gut. Erzählungen
© 1998 Ullstein Buchverlage GmbH & Co. KG, Berlin

Doris Dörrie: *Rote Rosen*
aus
Doris Dörrie: Für immer und ewig. Eine Art Reigen
© 1991 Diogenes Verlag AG Zürich

Amelie Fried: *Sex? Kostet Zeit und macht nur Ärger*
aus
Amelie Fried: Geheime Leidenschaften und andere Geständnisse
© 2001 Wilhelm Heyne Verlag, München

Amelie Fried: *Liebes Leid und Lust*
Romanauszug aus
Amelie Fried: Liebes Leid und Lust
© 2003 Wilhelm Heyne Verlag, München

Erich Fried: *Was es ist*
aus
Erich Fried: Gesammelte Werke
© 1983 Verlag Klaus Wagenbach, Berlin

Oskar Maria Graf: *Bolwieser*
Romanauszug aus
Oskar Maria Graf: Bolwieser. Roman eines Ehemannes

Oskar Maria Graf: *Die Heirat*
Romanauszug aus
Oskar Maria Graf: Das Leben meiner Mutter

Axel Hacke: *Ich sehe was, was du nicht siehst*
Axel Hacke: *Die Liebe in den Sümpfen des Alltags*
aus
Axel Hacke: Das Beste aus meinem Leben

Marlen Haushofer: *Die Frau mit den interessanten Träumen*
Marlen Haushofer: *Ein gemütlicher Abend zu Hause*
aus
Begegnung mit dem Fremden. Erzählungen

Stefan Heym: *Eijze vom lieben Gott*
aus
Stefan Heym: Immer sind die Weiber weg und andere Weisheiten

Hellmuth Karasek: *Betrug*
Romanauszug aus
Hellmuth Karasek: Betrug

Marie Luise Kaschnitz: *Philemon und Baucis*
aus
Marie Luise Kaschnitz: Engelsbrücke. Römische Betrachtungen

Marie Luise Kaschnitz: *Der Strohhalm*
aus
Marie Luise Kaschnitz: Lange Schatten. Erzählungen

Günter Kunert: *Eins plus eins gleich eins*
aus
Günter Kunert: Tagträume in Berlin und andernorts

Wolfdietrich Schnurre: *Die Muse*
aus
Wolfdietrich Schnurre: Der Schattenfotograf. Aufzeichnungen

Rafael Seligmann: *Schalom meine Liebe*
Romanauszug aus
Rafael Seligmann: Schalom meine Liebe

Leonore Suhl: *Charlottes Liebesdienst*
Romanauszug aus
Leonore Suhl: Charlottes Liebesdienst

Jan Weiler: *Uno due tre*
aus
Jan Weiler: Maria, ihm schmeckt's nicht!